図解でまるごと大解剖！

コンビニのしくみ

経営コンサルタント
株式会社HAAF代表取締役
小野寺崇

同文舘出版

はじめに

この本を手に取ってくださった方なら、おそらく一度はコンビニエンスストアに足を運んだことがあることかと思います。全国5万5000店、郵便局の2倍以上あるこの小売業態は、日本において独自の歩みを進めてきました。コンビニは、私たちの生活に欠かせない存在となり、24時間営業や多様な商品の取り揃え、迅速なレジ処理など、その利便性や高いサービス品質が高く評価されています。

本書では、コンビニのしくみに迫りながら、その成功の秘訣や課題について考察していきます。さまざまな視点から、ビジネスモデルや経営戦略、効率的な物流システム、従業員の働き方改革などについて探求し、読者の皆さんにその魅力と可能性を伝えることを目指します。

執筆にあたり、多くの方々からのご協力とご支援がありました。まず、クライアントの皆様に心から感謝申し上げます。貴重なご意見や提案をいただき、本書の内容に深みと広がりを与えてくださいました。また、前職の友人たちからも多くの助言やエピソードをいただきました。彼らの経験や知識が、この本の質を向上させる大きな要素となっています。

本書を通じて、コンビニエンスストアが私たちの暮らしや社会に果たす役割をより深く理解していただければ幸いです。

さあ、コンビニの扉を開き、その魅力に触れてみましょう。皆さんにとって有益であり、コンビニの世界をより一層鮮明にご紹介できることを心から願っています。

目次

1章 コンビニとは何か

2章 流通業の中のコンビニ

3章 コンビニ社員の仕事

4章 コンビニの数値管理

24
24
24

5章 コンビニのマーチャンダイジング

6章 コンビニのマーケティング

7章
コンビニのオペレーション

8章 コンビニに関わる法律・制度

9章 これからのコンビニ

カバーデザイン 喜來詩織（エントツ）
カバーイラスト たかまつかなえ
本文デザイン・DTP 草水美鶴

1章

コンビニとは何か

Retail 1.0から2.0の時代

小売業の歴史は、お金という概念が700年頃に生まれ、お金と物を交換する、そして物を集めて欲しい人と交換する人たちが出てきたところに端を発します。「メーカーや卸売業から商品を仕入れ、最終消費者に直接商品を販売する事業者」と定義される近代的な小売業の始まりは、1904年、三越百貨店の開業からといわれています。日本の近代小売業の変化を、大きく4つに分けてみていきます。

◑小売業創成期　Retail 1.0

1904年、三越百貨店が日本橋にオープンすることで近代小売業が始まりました。これにより、前身の三井越後屋呉服店がやっていた、大衆相手に良品を廉価で販売する形式が広がります。顧客によって価格が異なっていた販売手法から、正札販売と呼ばれる「誰にでも同じ価格」で提供する値札が貼られ、大衆消費者も買いやすくなったのです。

一方、小売業側では、これまで掛取引という後払いの取引から、現金支払いを一般化することで、資金繰りに頭を悩ませなくて済むことになりました。

◑小売業発展期　Retail 2.0

1960年代になると、百貨店に代わりGMSやスーパーマーケットと呼ばれる業態の勢いが増してきます。薬局から始まったダイエーや、元々は洋服店であったイトーヨーカドーなどが衣・食・住の広範囲にわたる商品を大きな売り場で展開するGMS、そして食を中心とするスーパーマーケットが主流となります。

セルフサービス販売方式と呼ばれる、消費者が自分で商品を手に取り、レジに持っていくスタイルでコストを減らし、「安さ」を武器に大量生産・大量消費の時代にマッチした業態として広がっていきます。チェーンストアと呼ばれる直営店で店舗を広げ、大衆により数量を多く販売することで利益を得る時代となりました。これにより、メーカー主導の供給から、価格の決定権が少しずつ小売業側に移行していきます。

Retail 1.0から2.0の時代——創成期から発展期へ

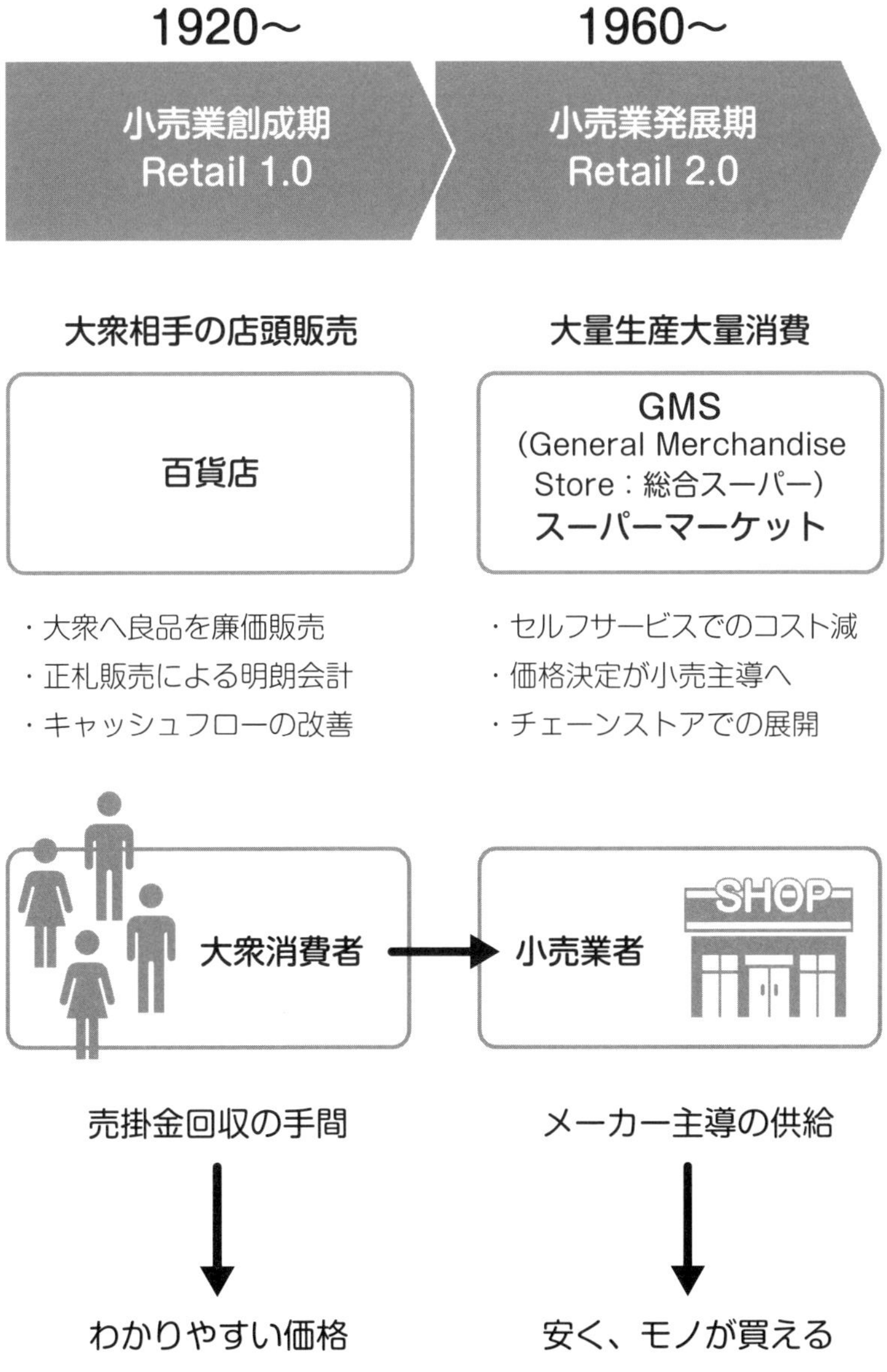

Retail3.0 から 4.0 の時代

◑小売業成長期　Retail 3.0

１９７０年代前半、「大規模小売店舗法」が施行されます。これにより、百貨店や量販店などの大型小売店は中小小売店、商店街の反対を受け、出店が思うようにできなくなっていきます。さらには、戦後の物不足の時代から、商品が豊富に流通し、必要なものが手に入る時代になると、顧客ニーズは細分化していきます。

この環境の中で、「欲しいものを欲しい時に」や「美と健康」というコンセプトによる小売業の開発が進み、コンビニエンスストアやドラッグストアなどの中型、小型のチェーン店舗が拡大していきます。量販店の価格破壊と競争から、価格の主導権は個人消費者に移っていきます。

◑小売業変革期　Retail 4.0

２０１０年以降になると、デジタル技術を活用した小売業が出現します。ＩＣＴインフラの急速な広がりと整備、そして配送技術の発展などを活用し、ＥＣ（Electronic Commerce）事業者のアマゾンなどが台頭し始め、直接販売しない、「プラットフォーム」を提供するという新たなビジネスモデルを構築していきます。既存のリアル店舗での小売業者も含めて、わがままな消費者の嗜好に対して、欲しいものを手軽に提供するしくみをどう構築していくかが、業界での差別化要因となっていきます。

このように、大衆消費者に向けての近代的な「商売」は１２０年余りで大きな変遷を遂げてきました。根本である物とお金の交換の裏側で、しくみは日々進化していきます。ＧＭＳの雄であったダイエーのイオンによる子会社化など、顧客ニーズや時代に合わない商売の方法では生き残れない時代になってきていることの現れでしょう。

小売業は「変化対応業」といわれます。その変化に常に対応してきた業態が、コンビニエンスストアです。次の項ではその変遷をみていきましょう。

Retail3.0から4.0の時代――成長期から変革期へ

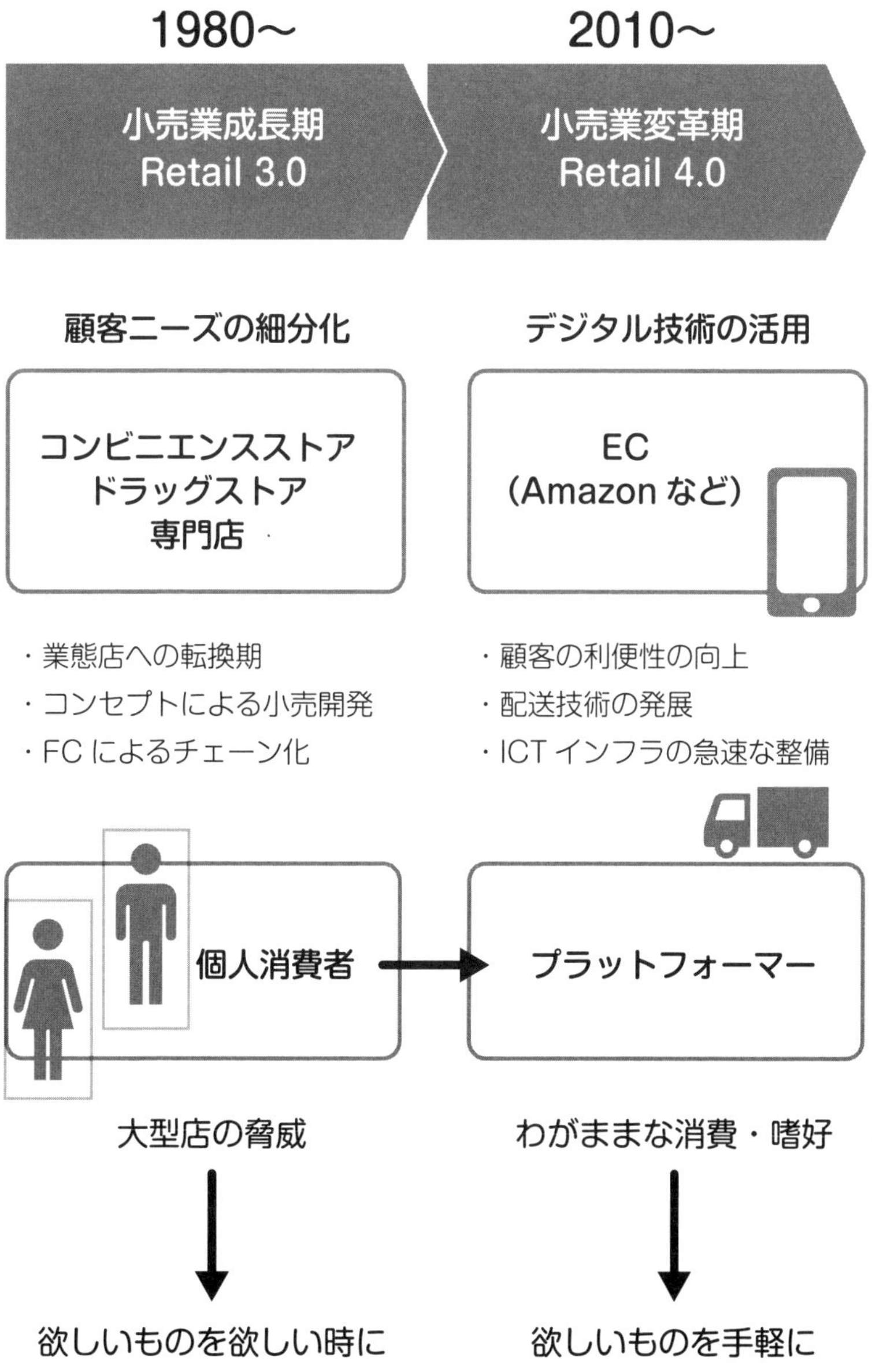

黎明期／変化に対応してきた歴史

コンビニエンスストアというお店は1960年代から存在しますが、今日のような業態の基礎は、1970年代前半に作られました。

詳しくは後述しますが、2022年現在の大手3社の歴史が始まるのも、この頃です。

◑直営店とフランチャイズ

コンビニエンスストアの展開方法は、「直営店」と呼ばれる、本社が直接店舗の出店・人材雇用・運営を行う形と、「フランチャイズ」と呼ばれる、本部との契約を基にして加盟者がそのブランドを使って運営を行う形の2つのパターンに分かれています。大型店の出店では、初期投資として大きな資金が必要となりますが、小型店ではそれほど必要とせず、さらにはすでに商売をしている小売店、具体的には酒類販売免許を持っている酒屋に加盟してもらうことで出店のハードルを下げ、大量出店、展開を可能としました。初めは直営店で展開していたチェーンも、フランチャイズでの拡大に比重を移した結果、5万5950店（2021年12月末時点）を数えるまでになりました。

◑サプライチェーンの変革

コンビニエンスストアが展開し始めた1970年代当時、GMSの躍進により、価格の決定権は小売業側に移ってきてはいましたが、商品の供給は依然としてメーカー主導でした。「川上から川下へ」といわれるこの商品の流れには、大ロット（一単位の注文で多数の商品の納品）、メーカーごとの別々の配送によるコスト増や注文の手間、商品配送時の温度帯の管理など、さまざまな問題がありました。これをメーカーや卸売業者、さらにはシステム会社を含めて連携して一つひとつ、問題を解決してきました。

小さい売り場でコンビニエンス、つまりお客様の欲しい商品を並べて便利に使っていただくという、コンビニエンスストアならではのイノベーションと工夫、そして取引業者との改革が詰まっているのです。

黎明期／変化に対応してきた歴史

歴史

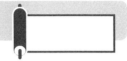

- **1960年代**　卸主導型VC（ボランタリーチェーン）によるCVS（コンビニエンスストア）チェーン化を目指す
- **1972年**　中小企業庁「CVSマニュアル」の作成
- **1973年**　ヨークセブン設立
- **1974年**　セブン−イレブン豊洲店オープン
- **1982年**　通商産業省の商業統計調査にCVSが加わる

戦略

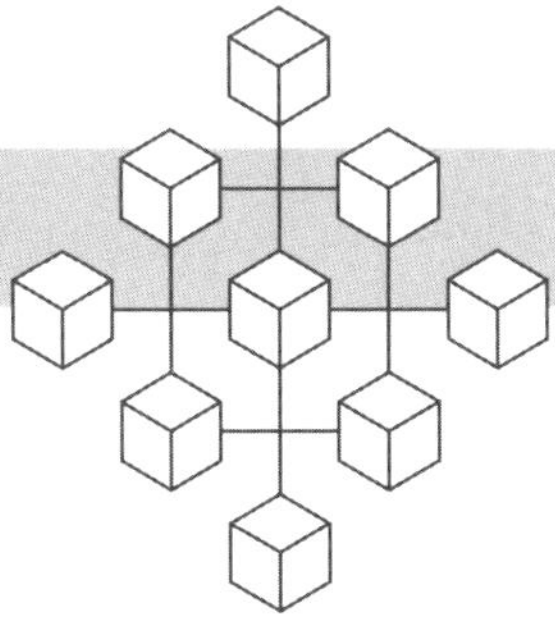

■商圏のさまざまな情報を収集
　（全国のデータの収集が可能）
■販売動向分析と最適な品揃え、物流システム
■迅速かつムダのない受発注と物流
■多品種多品目少量の品揃え
■フランチャイズによる急速な拡大

セブン-イレブン

◑セブン-イレブンの沿革

１９７３年、アメリカのサウスランド社とライセンス契約を結び、日本でのセブン-イレブンブランドの展開の権利を得ると、１９７４年に東京都江東区の豊洲に日本の1号店を開店します。この豊洲店は、酒屋の店主がフランチャイズ契約を結び、オープンさせました。イトーヨーカドーの出資を受けた（株）ヨークセブン（後のセブン-イレブン・ジャパン）は、当時、決して多くの資金があったわけではありませんでした。直営店での展開は資金を多く必要とします。創業者である鈴木敏文氏は１０００店以上の規模で展開することを事前に見据え、フランチャイズでの出発を選びます。

１９７６年5月には１００店舗出店を達成、ドミナント方式といわれる「高密度多店舗出店」を基に店舗展開を進めます。後述しますが、このドミナント戦略がセブン-イレブンの強さの源泉となっていきます。

◑戦略の特徴

「中小小売業の近代化」「大型店との共存共栄」を理念としてスタートしたセブン-イレブンはその後、１９７９年10月、当時としては最短の６年と６ヶ月での株式上場（東証２部）を果たします。

ドミナントによる出店エリアでの認知度拡大、共同配送システムによる物流効率化、ＰＯＳシステム導入とマーケティングでの活用、公共料金の収納代行など、世界初、日本初のしくみを先駆けて整備、取り入れることによって、業界トップとなります。

セブン-イレブンで特筆すべき点は、「単品管理」といわれる仮説-検証を軸とした考え方が企業文化として根づいていたことです。これが変化対応業といわれる小売業の中でも、よりイノベーションを起こし続けてきた所以です。なお、ドミナント方式をとっていたことから、全国47都道府県に出店を完了したのは２０１９年と、大手3社の中では一番遅い実現でした。

セブン－イレブンの沿革

1973年

- 創業

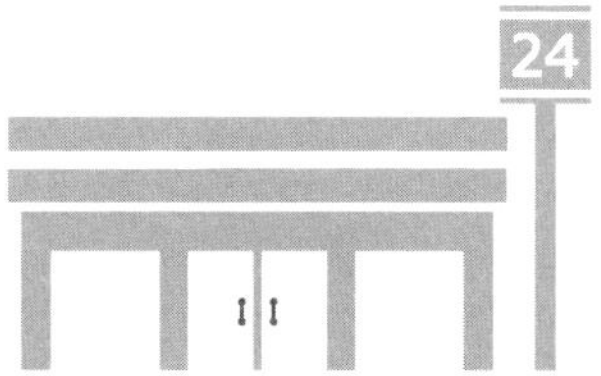

1980～

- 国内1,000店達成

1990～

- 米国セブン－イレブン子会社化

2000～

- 国内10,000店達成

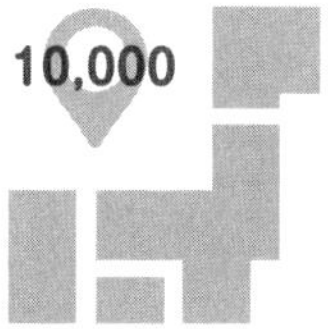

2010～

- 62ヶ月連続既存店増収
- 沖縄出店
- 47都道府県出店完了

2020～

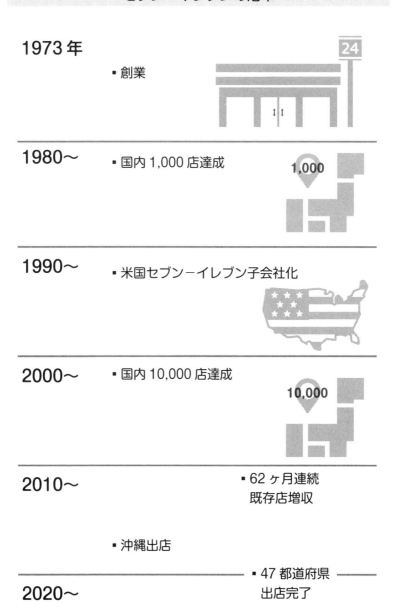

ファミリーマート

◑沿革

1973年、GMSを展開していた株式会社西友ストアーが埼玉県狭山市にコンビニエンスストアの実験店を直営店として出店、1978年には千葉県船橋市にフランチャイズの1号店を出店します。

1981年9月には西友ストアーから独立して株式会社ファミリーマートを設立し、コンビニエンスストアの出店、インフラの整備を進めていきます。

1987年2月には1000店舗出店を達成し、同年12月には東証2部に上場します。

1998年には、伊藤忠商事が当時親会社であった西友から株式を買い取り、商社グループの一員として成長していくこととなります。

◑戦略の特徴

「あなたと、コンビに、ファミリーマート」をスローガンとして加盟店、地域だけでなく、さまざまな方面との提携、協力関係を結んでいきます。

店舗数の拡大においては、2011年にam/pm、2016年にはココストア、エブリワンを、そして2018年にはサークルKサンクスと合併して店舗数シェアの拡大を図ります。2018年のサークルKサンクスとの合併により、当時国内2位の店舗数であったローソンを抜いて国内店舗数2位の座を奪います。

また、海外事業もアジアを中心に積極的に展開しており、現地の有力企業などとエリアフランチャイザーとして提携、拡大を図っています。

その他、他業態、他ブランドとの提携も積極的に行っています。「ライザップ」との商品開発や「ドン・キホーテ」との店舗開発、コインランドリーやフィットネスジム併設店舗の展開など、親会社の伊藤忠商事のコネクションも有効に活用しながらコンビを組んでお客様に価値を提供する戦略をとっています。

さらには「本気で勝ちにいく挑戦者」を掲げ、世代別ニーズ開発など、業界ナンバー1を目指しています。

ファミリーマートの沿革

1970〜

- 西友がフランチャイズとしてコンビニエンスストア事業をスタート

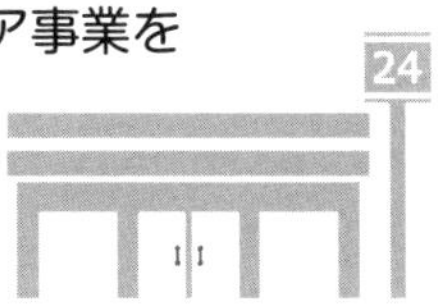

1980〜

- FamilyMart 発足
- 国内 1,000 店達成

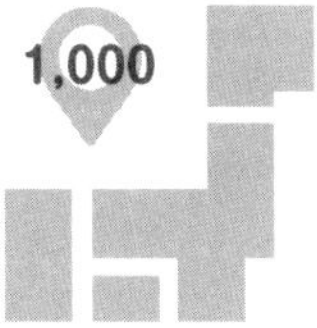

1990〜

- 筆頭株主が西友→伊藤忠へ

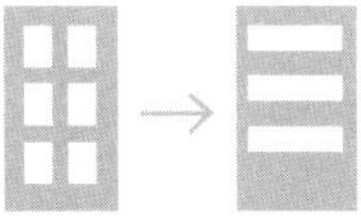

2000〜

- 2006 年全国出店達成

2010〜

- 2011 年 am/pm 吸収合併
- 2013 年国内 10,000 店達成
- 2016 年 ココストア・エブリワン吸収合併
- 2018 年 サークル K サンクス合併
- 無印良品取り扱い終了

2020〜

ローソン

◑沿革

1974年、GMS最大手のダイエーがアメリカのコンソリデーテッド・フーズ社とコンサルティング契約を結び、翌年にはダイエーローソン株式会社を設立、同年6月に大阪府豊中市に1号店の桜塚店をオープンします。9月には同市内にフランチャイズの1号店として桃山店を開店、関西を中心に出店を広げていきます。

一方、1976年に設立された株式会社TVBサンチェーンも同年に1号店を出店、関東と関西にて店舗を拡大し、その後も全国各地への出店を行います。1980年にダイエーの傘下に入ったサンチェーンと業務提携し、1989年には合併、ローソンの出店エリアの拡大に大きく寄与することになりました。この結果、コンビニエンスストア大手3社の中では最も早い、47都道府県への出店を1997年、沖縄への出店により達成することになります。

2000年に三菱商事と業務提携、翌年には筆頭株主となり、その後三菱グループとして歩みを進めます。

◑戦略の特徴

「マチのほっとステーション」を掲げ、小商圏（マチ）をテーマに事業開発を進めています。三菱商事との提携により、その取引先の活用によるお客様への価値提供の最大化を図っています。近年ではマツモトキヨシやHMVなどとの一体型店舗、さらには調剤薬局併設型の出店など、「マチの健康ステーション」としての存在感を高めています。

一方、「ナチュラルローソン」「ローソン100」「ローソンマート」など、マルチブランド展開にも積極的で、いち早く全国出店を果たした店舗ネットワークも含めてすべての顧客を取り込む戦略をとっています。

加盟店との関係性では「マネジメントオーナー制度」と呼ばれる、多店舗を経営するオーナーを増やし、本部と関係性を強化しながらオペレーション能力の向上を図っています。

ローソンの沿革

1970～

- ダイエー100%子会社として創業

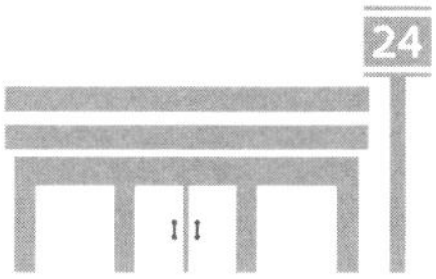

1980～

- 国内1,000店達成

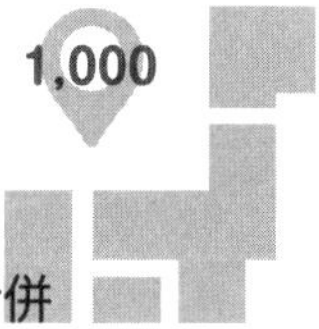

- 1989年 サンチェーン吸収合併

1990～

- 1996年 エーアンドビー吸収合併
- 1997年 沖縄出店。全国出店達成

2000～

- 2001年 三菱商事が筆頭株主へ
- 2001年 ナチュラルローソン出店
- 2005年 ローソンストア100出店

2010～

- 国内10,000店達成
- セーブオン、スリーエフ、新鮮組
ポプラなどを吸収合併

2020～

他の業態との違いとは

◑業種と業態の違い

よく「業種」と「業態」という言葉が使われます。まずはこの定義をみていきましょう。

「業種」とは「何を売るか」を中心に分ける方法であり、酒屋、靴屋、肉屋、本屋などが当てはまります。

一方の「業態」は「どのように売るか」であり、顧客の立場でビジネスを定義します。例えばスーパーマーケットやドラッグストア、百貨店、コンビニエンスストアなどです。近年は単一品種を専門的に品揃えする業種店が減少し、業態店が拡大しています。

◑各業態とコンビニエンスストアの違い

ここでは他の主な業態の特徴を確認します。

①百貨店

その名の通り、百貨（多くの品揃え）があり、高級品が中心の業態です。立派な建物でコストがかかる一方、委託販売が多く粗利益が低い、派遣販売員が多いなどの特徴があります。外商部門があって、法人顧客と一般顧客の二層構造となっています。

②総合品揃えスーパー（GMS）

衣食住をまんべんなく販売する、売り場面積の大きなセルフ販売方式の業態です。マス（大衆消費者）をターゲットとして、複数フロアあるもののコストを抑えた出店方式をとります。

③スーパーマーケット（SM）

専門スーパーとも呼ばれ、店舗面積２５０㎡以上で、衣食住のうち、いずれかの売上構成比が70%を超える業態です。多店舗展開して安値で売るチェーン方式をとり、チラシ広告による大量販売を行います。

④ドラッグストア

「ヘルス&ビューティケア」をコンセプトとして日常生活に欠かせない健康や美容関連を中心に品揃えをする業態で、薬剤師または登録販売者の設置が必要です。粗利益の高い薬や化粧品を販売するために、生活に近い商品を安く販売し、集客につなげています。

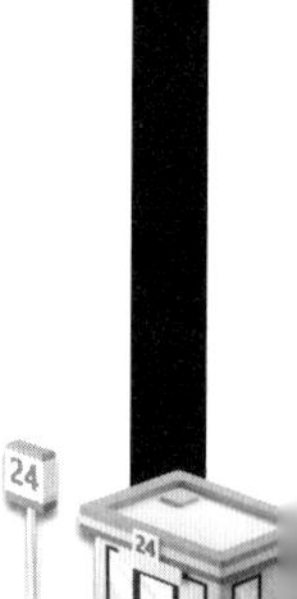

各業態の特徴・課題

GMS
専門店の出店により
SC化へ
ディスカウント
ストア
ドン・キホーテ
が食料品販売へ
SM
仕入値上昇。
粗利益確保に
課題
24
コンビニエンス
ストア
より近くて
便利に
専門店
独自性・差別化
が生き残りの鍵
EC
Amazonを
中心に今後も
急速に伸長
ホームセンター
高齢化への
対応に課題
ドラッグストア
食料品へ
品揃え拡大
規模拡大を狙う
百貨店
低粗利商売から
どう抜け出すか

ECの現状とコンビニの立ち位置

ICT（情報通信技術）の発達により、２０１９年時点では個人のインターネット利用率は89・８％（総務省「通信利用動向調査」）となっており、ほとんどの人がネットに接続する生活を送るようになりました。これに伴ってEC（電子商取引）と呼ばれるネットでの買い物が普及してきています。

２０２０年には、BtoCと呼ばれる一般消費者向けの商取引におけるネットでの販売は８・08％となり、２０１６年の５・79％から大きく伸長、４兆円を超える金額が増加しています。

◑ネット・リアル店舗それぞれのメリット

ネットショッピングのメリットは、買い手にとっては「いつ・どこからでも購入できる」「口コミや商品評価が見られる」「商品の詳細がわかる」「品揃えが豊富」「他店との価格の比較が簡単」など、売り手からすると「出店や接客にかかるコストが少ない」「陳列スペースに限りがない」などの点です。一方、リアル店舗には「商品を手に取って確認できる」「店員に聞くことができる」「買ったその場で商品が手に入る」「返品や交換がしやすい」などのメリットがあります。売り手側では「付加価値を直接アピールできる」など、顧客とのコミュニケーションが取れることが最大のメリットとなります。

◑ECとコンビニ

アマゾンやヤフー、楽天などのネットショッピングのプラットフォームは、小売業界に大きな影響を与えています。セブン&アイのオムニチャネルの取り組みなど、既存小売業もネットとリアル店舗の融合を目指して整備を進めています。

一方、コンビニの半分以上を占めるといわれる食品のEC化率は３・31％（２０２０年）と低く、PB（プライベートブランド）商品や店内調理を通して来店につなげ、コミュニケーションによって価値を感じてもらうよう取り組みを進めています。

ECの現状とコンビニの立ち位置

Amazon

施策	提供する価値・成果
Amazon GO	効率を追求した買い物
無人配送	人件費削減・販売機会の獲得
リコメンド	関連購入・複数購入
Kiva 導入	自動化での生産性向上
Amazon prime	継続収入と囲い込み
Amazon echo	ゼロクリックオーダー

コンビニ

提供する価値・成果
人の集まるリアルな店舗
店舗を起点とした上質なコミュニケーション
人を認める・人が認められる場としての店舗

2章

流通業の中のコンビニ

コンビニが生み出す価値とは

ギャップを調整する

コンビニエンスストアは小売業であり、流通業の一部です。流通業は生産者から消費者へ、商品を橋渡しする業種であり、運送業や卸売業、倉庫業なども含まれます。この流通業の中でも「最終消費者に直接、商品を販売する事業者」を小売業といいます。

◑「価値を生産する」とは？

小売業に限らず、およそビジネスと呼ばれるものすべてに価値を生産する役割があります。小売業であれば70円で仕入れたものを１００円で販売した場合、仕入れた時点では70円しかなかった価値のものを30円の価値を加えて販売する、つまり30円の価値を生み出したことになります。価値を生産しないとビジネスは成り立たず、ボランティアとなってしまいます。

この価値は困っている度合い、つまり「ギャップ」が大きいほど、大きくなります。

◑コンビニエンスストアが調整するギャップ

流通業が調整するギャップには、左記の通り、さまざまなものが存在します。例えば「清涼飲料水を飲みたい」と思ったときに工場に買いに行く人はいないはずです。「空間」や「時間」のギャップを、流通業が埋めているわけです。また、ラベルにある商品名や内容量、成分などは「情報」のギャップを、代金を支払うことで商品と交換できるのは「所有権」のギャップを埋めています。これらのギャップを埋めることで、仕入値と売値の差である価値を生み出しているのです。

では、特にコンビニエンスストアが調整するギャップとは何でしょうか。近くにあることで買いに行きやすいという「空間」、お弁当や総菜などすぐに食べられる即食系といわれる商品や、冷えている飲料やアイスなどの「価値」や「時間」、そして他の小売業と比べて小さい売り場ながら必要な商品がなるべく揃うような「品揃え」などが挙げられます。これらのギャップを調整することで、物に内在する価値よりも高い価値を生み出しているのです。

流通業が調整しているギャップ

ギャップ	機能	内容
所有権	取引機能 （仕入れと販売）	誰のものか
空間	輸送機能	どこにあるか
情報	情報伝達機能	どんなものか
品揃え	アソートメント機能	何があるか
価値	商品に内在する 価値の移動	何を満たして くれるのか
時間	保管機能	いつ買うか

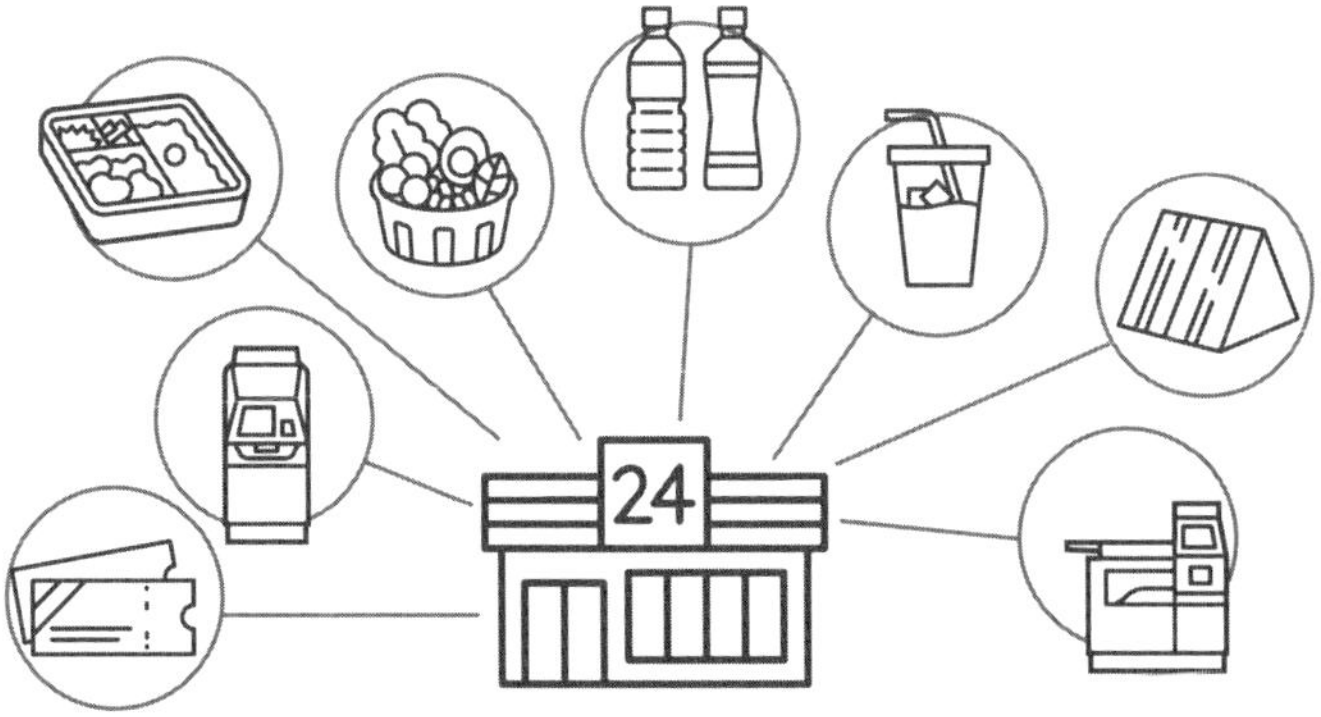

品揃えの重要性

　コンビニエンスストアは、直訳すると「便利なお店」です。他の業態とは違い、便利でなければお客様に選ばれないといっても言い過ぎではありません。それは前項で挙げた、「空間」や「価値」、「時間」のギャップを埋めることも含んでいます。

　便利を感じてもらううえで最も大切なことは「品揃え」です。どんなに綺麗なお店でも、どんなに親しみやすいお店でも、欲しい物がなかったらお客様は買い物ができません。特に今は物が溢れている時代です。本当に欲しい物、つまりそのときに買いたい物が品揃えされている必要があります。

◑アソートメント

　アソートメントは、「各種類を詰め合わせたもの」と訳されます。小売業においては「お客様が求めている商品を把握し、それらの商品を取り揃えること」となります。コンビニエンスストアではカテゴリーごとに「欲しい商品を、欲しいときに、欲しい数だけ」揃うように発注します。これは単に注文をするのではなく、「消費者の購買代理」、つまりお客様の代わりに商品を買っているのです。多くのコンビニでは約３０００から４０００アイテムを品揃えします。当然、オーナーさん一人でこの数すべてをお客様の心理を読み取って発注するのは難しいので、社員やパート・アルバイトさんに発注を手伝ってもらいます。

　最も重要な価値である「品揃え」は、お店の全員の力を合わせて生み出されているのです。

◑仕入れた商品は誰の物?

　お店で発注した商品はお客様の代わりにお店が購入します。つまり、この商品の在庫責任はすべてお店が負担することになるのです。これが売れないと、値下げや廃棄によるコスト負担が大きくなり、利益が減少してしまいます。このロスを減らすために、近年ではビッグデータを活用したＡＩ発注を各社が大きな投資をして取り入れ始め、精度を高めようとしています。

コンビニが果たす役割

お客様に対して	品揃えの提供（アソートメント機能）
	在庫の調整（売れ筋在庫の確保）
	価格の決定・調整（適正価格での提供）
	情報の提供（商品やお得な情報）
	鮮度の管理（安心・安全な商品提供）
	サービスの提供（お客様の不便を解消）
	顧客サービスの提供（接客・ポイント等）
	快適な売り場（買いやすい陳列レイアウト）
生産者に対して	生産の支援（販売場所の提供）
	流通の主体者（PB の開発・販売）
	購買情報の提供（データの共有）
地域に対して	暮らしの質の向上（近い・便利・安心安全）
	地域社会への貢献（災害時等の対応）
	雇用機会の提供（働く場所の確保）

出典：日本商工会議所・全国商工会連合会編『販売士ハンドブック（基礎編）①小売業の類型』を著者一部改

フランチャイズのしくみ

1章のコンビニの黎明期でも挙げたように、コンビニエンスストアが成長した大きな理由の1つにフランチャイズでの展開がありました。この形態はコンビニエンスストア以外にも多く存在し、２０２０年度にはチェーン数１３０８、そこに加盟する店舗数は25万４０１７店、そして売上高合計は25兆４２００億円にもなります。このうち、コンビニエンスストアでは17のチェーン、５万７９６６の店舗数、売上高10兆７９００億円と、フランチャイズの売上高の約40%を占めています（一般社団法人日本フランチャイズチェーン協会「２０２０年度ＪＦＡフランチャイズチェーン統計調査」）。

◑フランチャイズとは

フランチャイズは「特権」「権利」を意味する言葉で、経営ノウハウやシステムを提供する「フランチャイザー（本部）」と、その提供を受けて事業を運営する「フランチャイジー（加盟店）」が契約を結び、双方の利益が出るよう運営するしくみです。

本部利益と加盟店利益は基本的に独立しており、契約以上の干渉はできません。加盟店の横のつながりはなく、資金力やノウハウの集約から、チェーン本部が大規模なほど有利といわれます。

◑コンビニエンスストアのフランチャイズシステム

コンビニエンスストア本部の役割は「経営相談サービス」を始め、「商品開発・物流サービス」「情報システムサービス」「広告宣伝活動」「会計簿記サービス」「販売設備の貸与」のほか、契約によっては店舗も用意します。一方、加盟店は人の募集採用や教育、商品の仕入れ、経費のコントロールなどの役割を担います。

このシステムが、本部にとっては「成功モデル」や「イノベーション」の迅速な普及を、加盟店にとっては「少額の資金」、「比較的低いリスクでの事業活動」を可能としています。後に述べるロイヤリティの利益分配を元に、規模の利益を活用しながら、独立した事業者がお互いに協力して運営し、合理化を図っています。

本部と加盟店それぞれの役割

セブン－イレブン・ジャパンホームページ参照

組織的小売業を分類すると

組織的小売業には、その形態によっていくつかの分け方が存在します。

資本形態（誰がお店を創るお金を出しているか）では次の4つです。

❶単一資本であるレギュラーチェーン
❷共同資本であるボランタリーチェーン
❸契約による独立資本であるフランチャイズチェーン
❹消費者の共同出資である生協チェーン

店舗形態による分類には、次の2つがあります。

❶ゼネラルマーチャンダイズ組織（GMSやスーパーマーケット、ホームセンターやコンビニエンスストアなど）
❷リミテッドマーチャンダイズ組織（カジュアルウェアスーパー、家電スーパーなど）

店舗形態は先に挙げた各業態の違いに似た部分がありますので、この項では資本形態の違いについてみていきます。

◑各チェーン形態の違い

それぞれのメリット、デメリットは次の通りです。

・レギュラーチェーン

単一資本という点から、本社が土地、建物を用意して、自社として展開するチェーンです。そのため、出店、運営には人、物、金のすべてを必要とし、拡大するためには時間が必要となります。

・ボランタリーチェーン

小規模小売店が結束して本部を作り、加盟店のために活動するチェーンです。加盟店が本部の運営に関わるため、積極的に本部に関与する必要があります。

・生協チェーン

Co-opを代表とする、消費者がお金を出して組合員となり、運営されるチェーンです。会員制で安く購入できる利点がありましたが、スーパーの台頭により、小売チェーンとしての存在意義が問われています。

組織的小売業の分類

資本形態による分類	店舗形態による分類
❶単一資本 コーポレートチェーン (レギュラーチェーン) ❷共同資本 ボランタリーチェーン ❸契約による独立資本 フランチャイズチェーン ❹消費者の共同出資 生協チェーン	◆ゼネラルマーチャンダイズ組織 a. 総合品揃えスーパー　GMS b. スーパーマーケット c. ホームセンター d. コンビニエンスストア ◆リミテッドマーチャンダイズ組織 e. カジュアルウェアスーパー f. 家電スーパー

出典：日本商工会議所・全国商工会連合会編『販売士ハンドブック（基礎編）①小売業の累計』を著者一部改

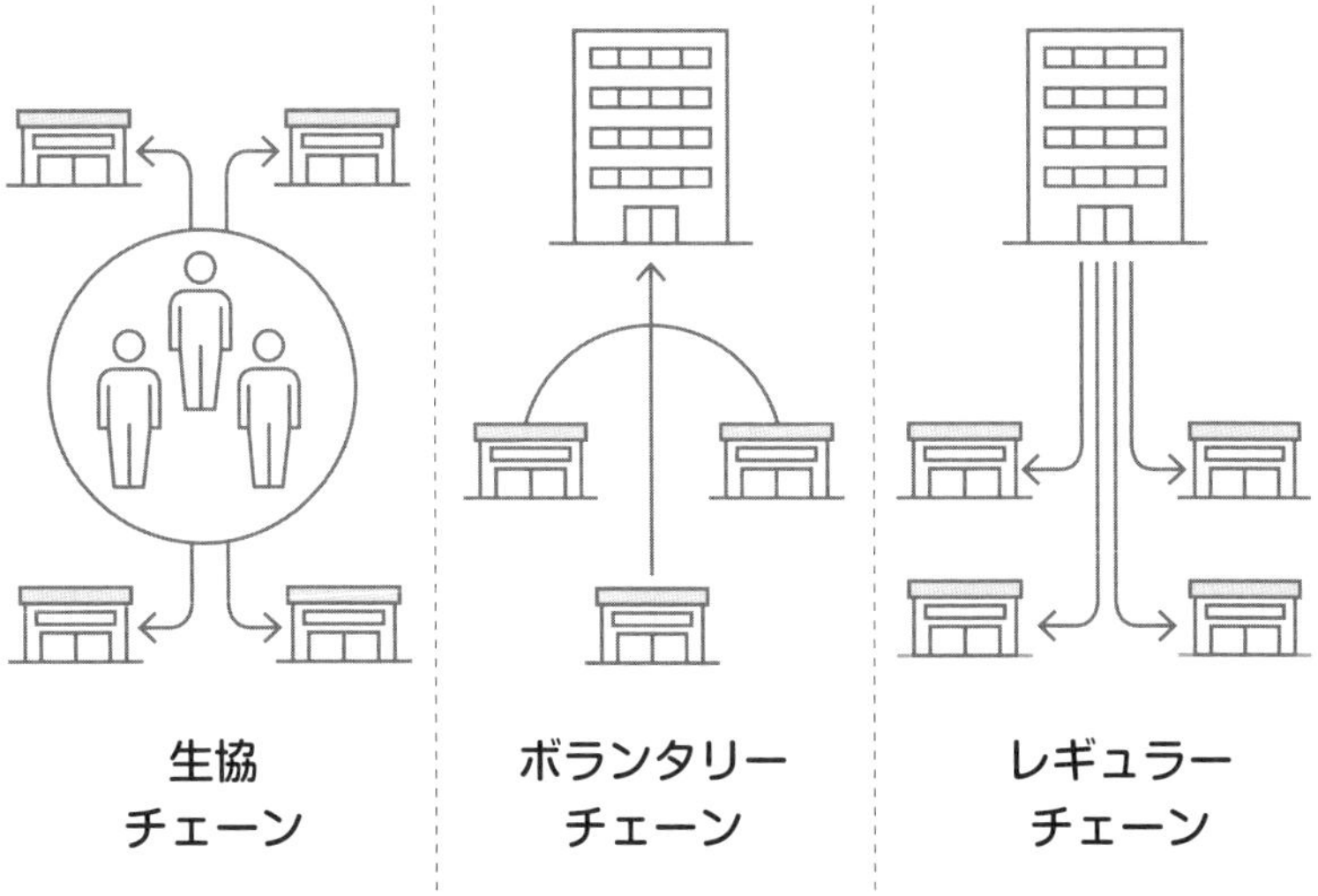

ロイヤリティのしくみ

フランチャイズチェーンでは本部に対し、加盟する際の加盟料と、その後の運営費用であるロイヤリティを支払います。

2つの費用には、チェーンによってさまざまな種類、方法があります。

例えばロイヤリティの算出方法には「売上高比例方式」「粗利益分配方式」「定額方式」「営業規模比例」などがあり、コンビニエンスストアのフランチャイズの多くは、粗利益分配方式を採用しています。これは加盟店の粗利益（売値から原価を引いたもの）を分ける方法であり、他の方式よりロイヤリティの率は高くみえる一方で、加盟店が粗利益を多く出せるような商品や設備などの環境を用意しなければならないという点で、本部も努力する義務が発生します。

この方式は、加盟店と本部が一緒になって事業を行い、ともに成長していくという理念を実現するための1つの手段となっています。

◐ロイヤリティのしくみ

大手ＣＶＳのロイヤリティは、契約方法や売上の規模によって異なり、21%から76%と大きく差があります。例えば土地・建物を加盟者自身が用意する場合は40%から50%前後で、本部が用意する場合はこの費用がロイヤリティに含まれることから、おおむね高い率となります。また、フランチャイズの公平・平等の観点では、土地・建物を本部が用意する場合は、立地の不平等を減らすために売上が上がれば高いロイヤリティ率が適用されるなどのしくみがあります。

ロイヤリティは広告宣伝（テレビＣＭなど）や商品開発、設備の開発・導入などに使われ、規模が大きくなれば、個人商店ではできない施策も実現可能となります。また、チェーンによっては運営費の一部がロイヤリティに組み込まれるなどの違いもあります。ロイヤリティの率は加盟店からすると低いほうがいいと感じますが、その使い方の違いも大きく異なるのです。

ロイヤリティのしくみ

24 セブン-イレブンのロイヤリティ

土地・建物を自分で用意		土地・建物を本部が用意	
売上総利益額にかかわらず	43%	250万円以下	56%
		250~400万円以下	66%
		400~550万円以下	71%
		550万円以上	76%

24 ファミリーマートのロイヤリティ

土地・建物・設備を自分で用意		土地・建物を本部が用意	
250万円以下	49%	300万円以下	59%
250~350万円	39%	300~550万円	63%
350万円以上	36%	550万円以上	69%

24 ローソンのロイヤリティ

土地・建物を自分で用意		土地・建物を本部が用意	
300万円以下	41%	300万円以下	45%
300~450万円	36%	300~450万円	70%
450~600万円	31%	450万円以上	60%
600万円以上	21%		

各社ホームページより（2023年4月時点）

コンビニ戦国時代？

競争激化する小売市場

コンビニエンスストアの日本での歴史は、１９６０年代後半に誕生したことは、先に述べた通りです。その後、成長を続け、２０００年に総売上高は7兆円に迫り、チェーン数は58にものぼりました。

一方、この年を境にチェーン数は減少の一途をたどります。２０２０年に総売上高は10兆円を超えるものの、チェーンの数は17となります（一般社団法人日本フランチャイズチェーン協会）。また、総売上高10兆７９００億円弱の中でも大手３社（セブン‐イレブン・ジャパン、ファミリーマート、ローソン）の合計売上高は、関連会社を含めると10兆円を超え、ほぼこの３社に集約されています。売上高は１８００億円と大手３社とは離れているものの、独自の強みを持つ、北海道を中心に人気を誇る「セイコーマート」などを除くと、生き残りが厳しい環境となっています。

◑業態の垣根を超える競争

10兆円を超える市場は非常に魅力的であり、コンビニエンスストア以外の業態が、「中食《なかしょく》」と呼ばれる、買って帰って家で食べる総菜や弁当などの商品や、「最寄品」と呼ばれる、購買頻度が高い日用品や食料品の市場を狙っています。ドラッグストアの品揃えや、外食市場のテイクアウト、配達の実施など、多くの業態との競争が激しくなっています。

◑コンビニ市場の新たなプレーヤーとは

コンビニでは行き届かない品揃えをカバーし、イオンの子会社で全店直営のミニスーパーとして存在感を増す「まいばすけっと」、コンビニよりも小さい店舗で小商圏をカバーし、レジなどの接客時間をなくす無人決済システムなどの導入により生産性向上をはかる「TOUCH TO GO」、ＪＲ東日本の駅を中心に、それまであったキオスクを転換して「コンビニが駅にあったら」を実現する「New Days」など、これまでコンビニエンスストアが得意とした分野での顧客の取り合いが始まっています。

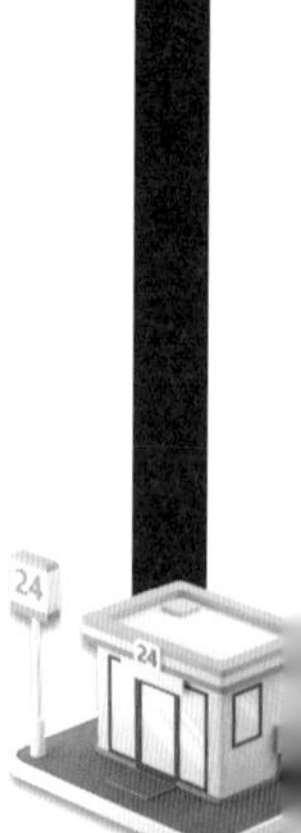

10兆円の「コンビニ市場」を狙うさまざまな業態

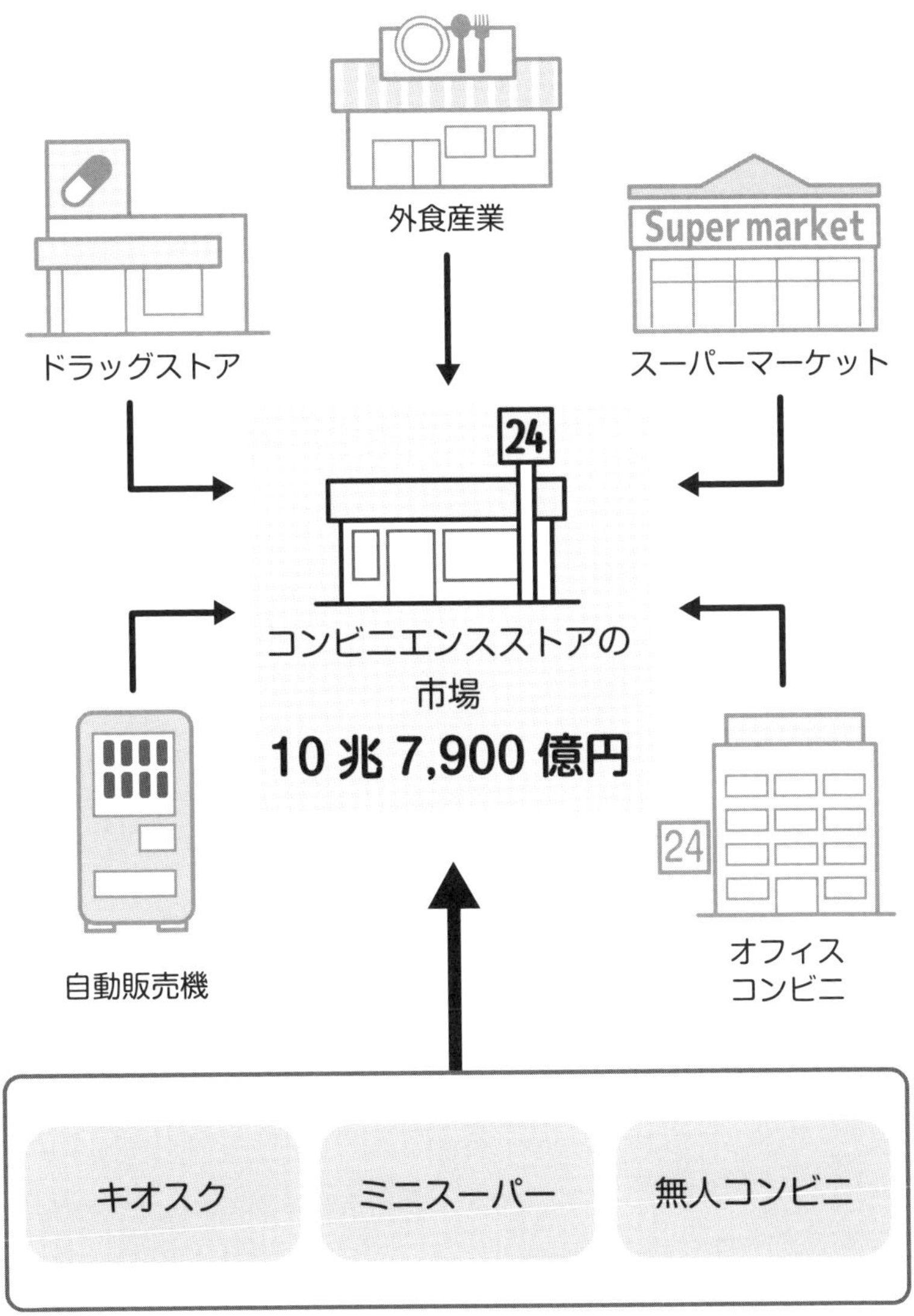

3章

コンビニ社員の仕事

クレーム対応のリアル

コンビニエンスストアには多くのお客様が来店します。もちろん、すべてのお客様に満足していただければよいのですが、そうとは限りません。お店や従業員へ直接、またはフランチャイズ本部のお客様相談室へ苦情が入ります。

この苦情は、実はお店にとって非常にありがたいものです。そもそも苦情とは、「このお店のここを改善してくれればまた来たいんだよ」という想いを、わざわざ時間を使い、お金（電話代など）を払って伝えてくれているものです（理不尽なものを除く）。

今後の顧客満足度を上げるための貴重なご意見であり、真摯に対応して解決できれば、その後は通い続けてくれる可能性があるお客様といえます。

◑クレームの種類

クレームには店舗で対応するもの以外に、フランチャイズ本部やメーカーが対応するものもあります。商品については製造元であるメーカーやベンダーが対応し、システムについては本部が対応します。そして接客や棚、床の清掃など、お店で起こることは店舗で対応します。

◑クレーム対応のポイント

一度、クレームの対応に失敗してしまったことで、そこから苦手意識を持つ人が多いようです。

失敗の多くは、「これで対応は合っているだろう」という思い込みと、お客様の要望とにズレがある場合に発生します。もちろん、理不尽な要求は受け入れられませんが、まずは店舗側のミスに対して「お客様が何を求めているのか」を確認し、対応していくことが重要です。

また、クレームがこじれるケースの多くは「初期対応」を間違ってしまうことで起こります。24時間開いているコンビニエンスストアだからこそ、オーナーや店長不在時の従業員教育、そして対応が「お客様のご意見」を活かせるかどうかにつながっていきます。

クレームの種類と対応法

クレームの種類

	商品	接客	店舗	その他
内容	商品の汚損、破損、異物混入、商品による体調変化 品揃え　etc	態度、言葉遣い 説明不足 レジ待ち時間 従業員対応 etc	ディスプレイ、床が濡れて滑った、クリンリネス、構造の問題 etc	価格、広告表示 立地、 電子マネー、 他のお客様対応 etc
対応	メーカー ベンダー (お店には販売責任あり)	店舗責任者	店舗責任者	店舗責任者 または本部

クレーム対応の一般的な流れ

1 お詫びする

2 お客様からのご意見を聴く

3 求めていることを把握する

4 原因を確認する

5 対応方法を提示する

6 お店全体に共有する

7 問題点を改善できるしくみを作る

8 改善状況をバックチェックする

マネジメントの範囲

ここでは、コンビニエンスストアの店長はどんな仕事をしているのかを紹介します。

1店舗におよそ10～20人の従業員がいるコンビニでは、1人または2人の社員（オーナー含む）がいることが多く、社員や従業員を管理（マネジメント）するのが店長の仕事です。一方で、日々実施する作業をトレーニングを兼ねて、またはシフトの空きに対応するために従業員と一緒に行う場合もあります。

このように、コンビニの店長にはプレイングマネージャーの資質が求められています。

◐マネジメントの項目とは？

では、作業以外のマネジメント業務にはどんなものがあるのでしょうか。大きく4つに整理します。

①売上・利益管理

売上や利益の中期・短期の計画を作成し、細分化したうえで目標管理する、さらにはこれを落とし込んだ行動計画の作成および進捗確認、修正を行います。

②従業員教育

従業員の採用・育成と、その進捗管理、やりがいの創出とこれを引き出すコミュニケーション、さらには自身の右腕となる人材の選出と育成を行います。

③顧客管理・対応

前項で挙げた、お客様からのご意見への対応のほか、常連のお客様の把握、対応と自店の周辺地域とのつながりを強化する挨拶周りを行います。

④店内体制の構築

生産性の高い作業分担表の作成や発注のしくみ管理など、従業員参加型の経営に向けてのしくみ作りを行います（詳細は後ほど述べます）。

これらが店長としてやるべき仕事ですが、目の前の作業に流されてしまう場合もあります。この4つの項目を意識して店舗の管理を行うことが、店長（オーナー）の仕事を楽にする方法といえるでしょう。

コンビニ店長の仕事

プレイングマネージャー
コンビニエンスストアの店長
情報共有
売り場作り
接客
マネジメント
Management
お金の管理
発注
品出し
シフト管理

マネジメントの機能

マネジメントを「短期、中・長期の目標にいたる計画にもとづいて日々の店舗運営を行うこと」と捉えた場合、「数値」と「時間」という2つの軸で管理していくことが必要となります。

「数値の軸」とは、目標の売上や利益、そこにかけられる経費（コスト）、さらには生産性などを指します。

「時間の軸」とは、1日、1週、月、年単位での目標設定および達成度の確認を指します。

これが、前項で挙げたマネジメントの範囲の①である「売上・利益の管理」です。

多くの場合は加盟店であるフランチャイジーの経営者、つまりオーナーの下で雇用されている店長が多く、オーナーとの間で次の連携を果たすことで、マネジメントを機能させていきます。

◑オーナーと店長が連携してやるべきこと

コミットメント（Commitment）

お店全体と個人の成果目標と、それを達成するための計画を作って、実行と成果を明確にすること。

レスポンシビリティ（Responsibility）

明確にした計画を実際に実行し、途中で確認し、目標に達していない場合には計画や行動の修正を店舗で行うこと。

アカウンタビリティ（Accountability）

実行してきた結果を検証し、報告すること。報告するだけに留まらず、達成できなかった場合の問題点、達成できた場合の成功要因をさまざまな面から分析し、改善策を提示すること。

これらの役割を果たしていくことがコンビニエンスストアの店長に求められるマネジメントで、具体的には、左ページの図のような流れとなります。

これを実施できるかどうかが、コンビニエンスストアを盛り上げていくうえで重要な役割となります。

店長のマネジメント業務

前提　**経営理念、コンセプト、戦略を持つ**

1	短期～長期の経営数値計画の確認 ▶ オーナーと作成
2	短期～長期の店内体制構築目標作成 ▶ オーナーと作成
3	経営理念、コンセプトの共有 ▶ 従業員と共有
4	日々の売上・利益管理 ▶ 店長中心に実施
5	店内体制の構築 ▶ 店長中心に実施
6	教育スケジュール作成 ▶ 店長中心に実施
7	募集・採用計画の作成と実施 ▶ オーナーと作成

目標に向かって店舗運営および課題の修正、実施

店内の体制構築

マネジメントの範囲でも述べた「店内の体制構築」は、コンビニエンスストアの運営において最も大切な仕事であるといっても過言ではありません。

ほとんどの店舗が24時間３６５日開店し、お客様に便利を提供し続ける業態であるコンビニは、オーナーや店長のみの力では決して運営できないからです。

オーナーや店長がすべて自分でやるのではなく、いかに従業員ができる、やりやすいしくみを作り、それを管理しなくてもよい状態にしていけるか、そうした店内体制の構築力が、お客様からの支持獲得の大きなカギを握ります。

◑体制構築の具体例

左のページに主な体制構築項目を挙げています。非常に多くの項目がありますが、これらを1つずつしくみとして店内の文化を作っていく必要があります。

「発注分担」を例に考えてみましょう。発注はお客様の欲しい商品を品揃えしておくための非常に重要な仕事ですが、本部からの推奨商品がおよそ７０００～８０００点あるなかで、すべてをオーナーや店長が毎日確認することはできません。そこで、従業員に任せていくにあたって、「誰が」「どの分類を担当し」「いつ」「どういう考え方で」発注していくのかを整理して、誰もがわかるようにしておかなければなりません。

これを管理しないでも自然とできるようになるまでには、およそ３ヶ月はかかります。

◑体制構築のポイント

多くの項目を一度に進めようとすると、どれもが中途半端になる可能性があります。そこで、次の手順で進めることがポイントとなります。

①お店でできていること、できていないことを整理する

②どの項目を従業員ができるようになれば、お店が効率よく運営できるかを考える

③優先順位をつけて計画を持って進める

店内体制の項目例

リーダー制	パート ミーティング	単品管理
情報共有	在庫管理	発注分担
近隣への戸別訪問	予約体制	クリンリネス
売り場管理	教育のしくみ	作業割当
鮮度管理	お勧め販売	朝礼・終礼
試食販売	チラシの活用	従業員面談

ビジョンとコンセプトの設計

コンビニエンスストアは、大手3社（セブン－イレブン・ファミリーマート・ローソン）で業界の売上の90％を超えるシェアを持っているのは、前述した通りです。これらチェーンには、それぞれの向かうべき方向性といえるスローガンがあります。

セブン－イレブン「近くて便利」
ファミリーマート「あなたと、コンビニに」
ローソン「マチのほっとステーション」

それぞれのスローガンに基づき、各チェーンの本部は戦略や商品構成、サービスを展開しています。

一方、コンビニの店舗はフランチャイジーとして独立した経営体であり、このスローガンを踏襲しながらも、店舗の立地やその土地の文化など、環境ごとに戦略を考えていく必要があります。

一見、どこのお店も金太郎飴のように同じにみえながらも、裏側にある経営者の考え方、店内の雰囲気や品揃えは異なります。

◑ビジョンの設計

ビジョンとは「成し遂げたいことや目指したい将来像」のことをいいます。オーナーや店長は、コンビニという概念でなく、「○○店としてこの地域で何を成し遂げたいのか」を設定します。たとえるなら、どの山に登りたいのかを決めることで、従業員になぜその仕事をするのかを考えてもらうのです。

◑コンセプトの設計

ビジョンを決めたら、次は個店のコンセプトを明確にします。「誰」に「どのような生活シーン」に対して「どんな商品（群）」を「どのように展開し、伝えるのか」を策定します。さまざまなお客様が来店するコンビニですが、来店する顧客層や使われ方は大きく違います。周辺に会社が多いお店、住宅街にあるお店、観光地にあるお店など、そのお店をどのようなお客様にどう使ってもらうのかを明確にすることで、最大の満足を提供できるように整えていきます。

店長はどの山を登りたいのかを決める

1	どのルートで登るかを決め、 （店内体制の構築の順番）
2	登るための準備をし、 （しくみ作り）
3	起こった問題に対して対応し、 （現状⇒問題⇒課題⇒施策）
4	登山メンバーを支え、導き、登頂！ （教育、コミュニケーションなど）

自分達がどこに向かうのか、を明確にする

やりがいを創出するには？

近年、政府は働き方改革を進めてきました。一方で、日本は出生率が低下し、労働力人口（15歳以上64歳以下）は減り続けています。多くの業種業態が人手不足になる中で、コンビニエンスストアも例外ではありません。この環境下ではより魅力的な職場作りが必要です。

◑マズローの欲求段階説

心理学者アブラハム・マズローが唱えた欲求段階説（左ページ図参照）のように、人間には基本的な生存の欲求から、自分を超えて何かを成し遂げたいという欲求まで、6つの段階があるといわれます。

少し前までは生活の基盤、社会への帰属意識といったものが労働の価値でした。現在は、人手不足で働く環境を選べるようになったことから、「プライドを満たしたい」「自分の能力を最大化したい」という価値観に変化しています。その中で、コンビニを運営するオーナー、店長は、従業員のモチベーションを管理していく必要があります。

◑コンビニで働く価値とは

小さい店舗ながら、年間2億円近くを売り上げるお店の中で、従業員が果たす役割は少なくありません。お客様との接点である接客やコミュニケーションはお店の評価に直結しますし、後述する発注（単品管理）の業務では1つのエリアの仕入れに責任を持ち、販売、成果の確認までを行います。経営に近い部分で学ぶこともでき、さらにフランチャイザー本部が提供する最新のシステムを通じて、高校生のアルバイトでもビジネスの実際を体験することができます。

オーナー、店長は、従業員に権限を委譲し、そして店舗のビジョンやコンセプト、業績を共有しながら成果を一緒に確認して改善していくことで、従業員の能力を最大限に発揮し、お客様に最大の価値を提供するという仕事ができる「場」を設定し続けるという役割を担っているのです。

A. マズローの欲求段階説と労働の価値

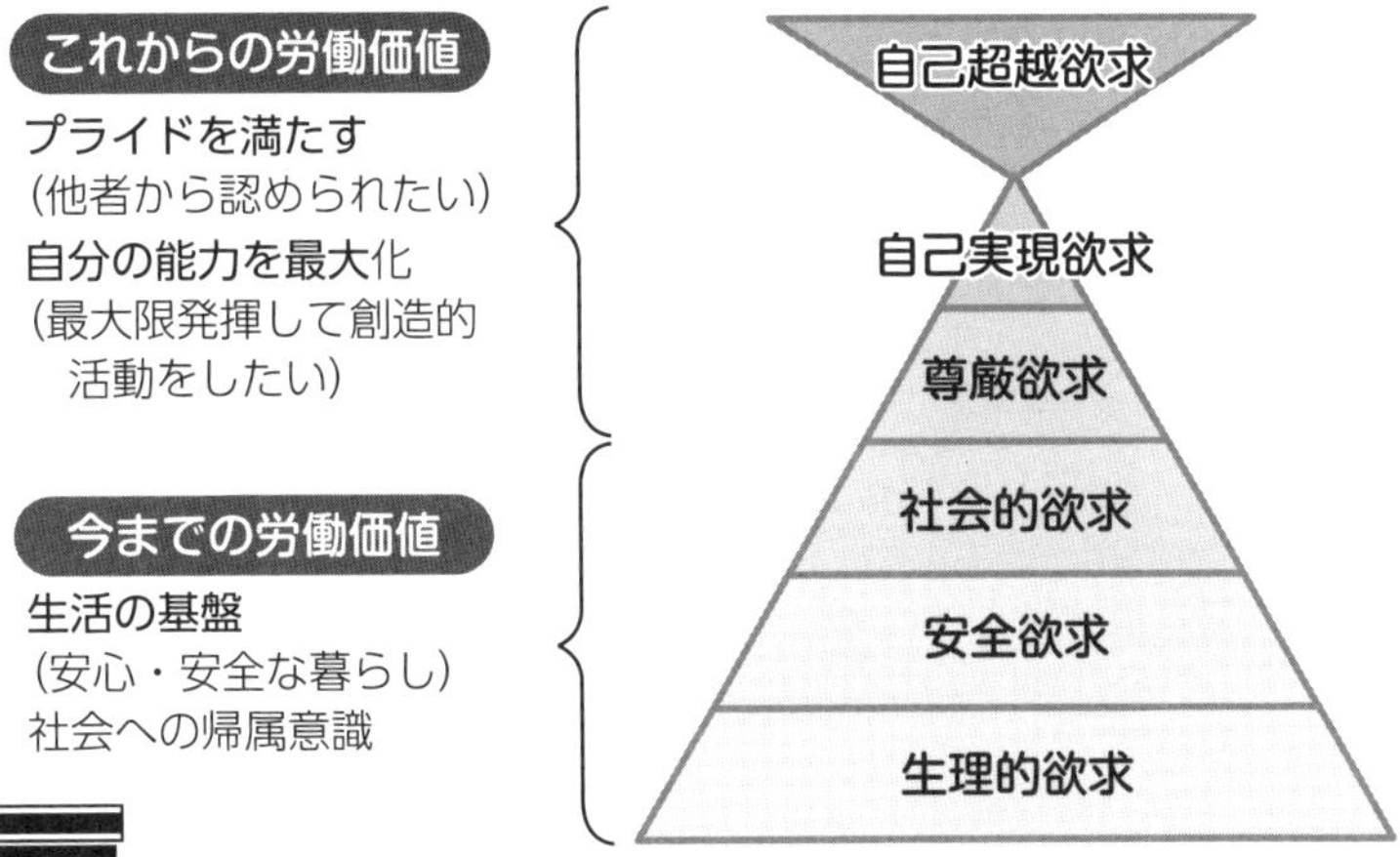

『働き方改革』と同時に、日本での『労働』の価値観が大きく変化している

従業員のやりがいとは

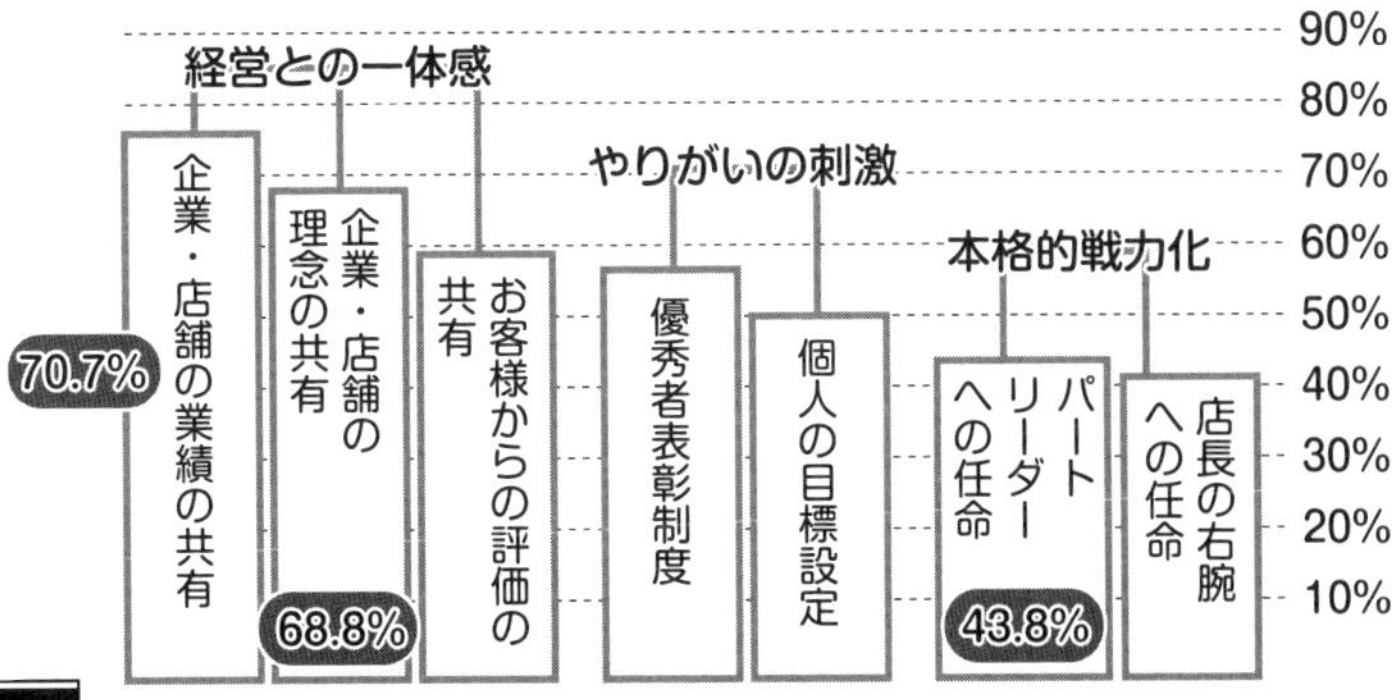

出典：ツナグ働き方研究所「アルバイト職場コミュニケーション調査」(2016)

従業員は共有と評価、仕事の責任を求めている

ティーチングとコーチング

オーナーや店長の大切な仕事に、従業員の教育があります。学生やパートタイム労働者が多い店舗の現場では、当然従業員の入れ替わりが起こります。店舗のレベルを維持し、お客様に最大の便利、価値を提供し続けるには、教育スキルが欠かせません。「コンビニエンスストアは教育業」ともいわれる所以です。

では、現場ではどのようなコミュニケーションが必要なのでしょうか。それは「ティーチング」と「コーチング」の使い分けです。

◑ティーチングとは

ある一定のルールやマニュアル、方向性について、従業員が理解するように伝えていくことがティーチングです。しかし、「伝えた」だけではティーチングとはなりません。相手が行動に移せるように伝えることが重要です。ティーチングを行う場合は、MORSの法則を参考に、より具体的に、どう行動すればいいのかまできちんと指示します。

◑コーチングとは

一方的に教えるのではなく、問いかけることによって相手に気づいてもらう、または気づく力を引き出すことがコーチングです。

先に挙げた発注の業務において、「○○（商品）を10個発注しておいて」というティーチング（指示）であれば、何の創造性もない「作業」になってしまいます。従業員が自分で考えた発注数に対し、「なぜその発注数なのか」「どうやって売り場で展開したいのか」「どうやってお客様にその商品のよさを伝えたいのか」を問いかけ、その発注についてより深く考えさせることで、仕事の質を高めてもらうのがコーチングです。これにより、前項の「やりがいの創出」につなげていきます。

ティーチングとコーチングを使い分けることで、コンビニは高いサービスレベルを維持しつつ、24時間365日、お客様に価値を提供し続けられるのです。

ティーチングとコーチングを場面ごとに使い分ける

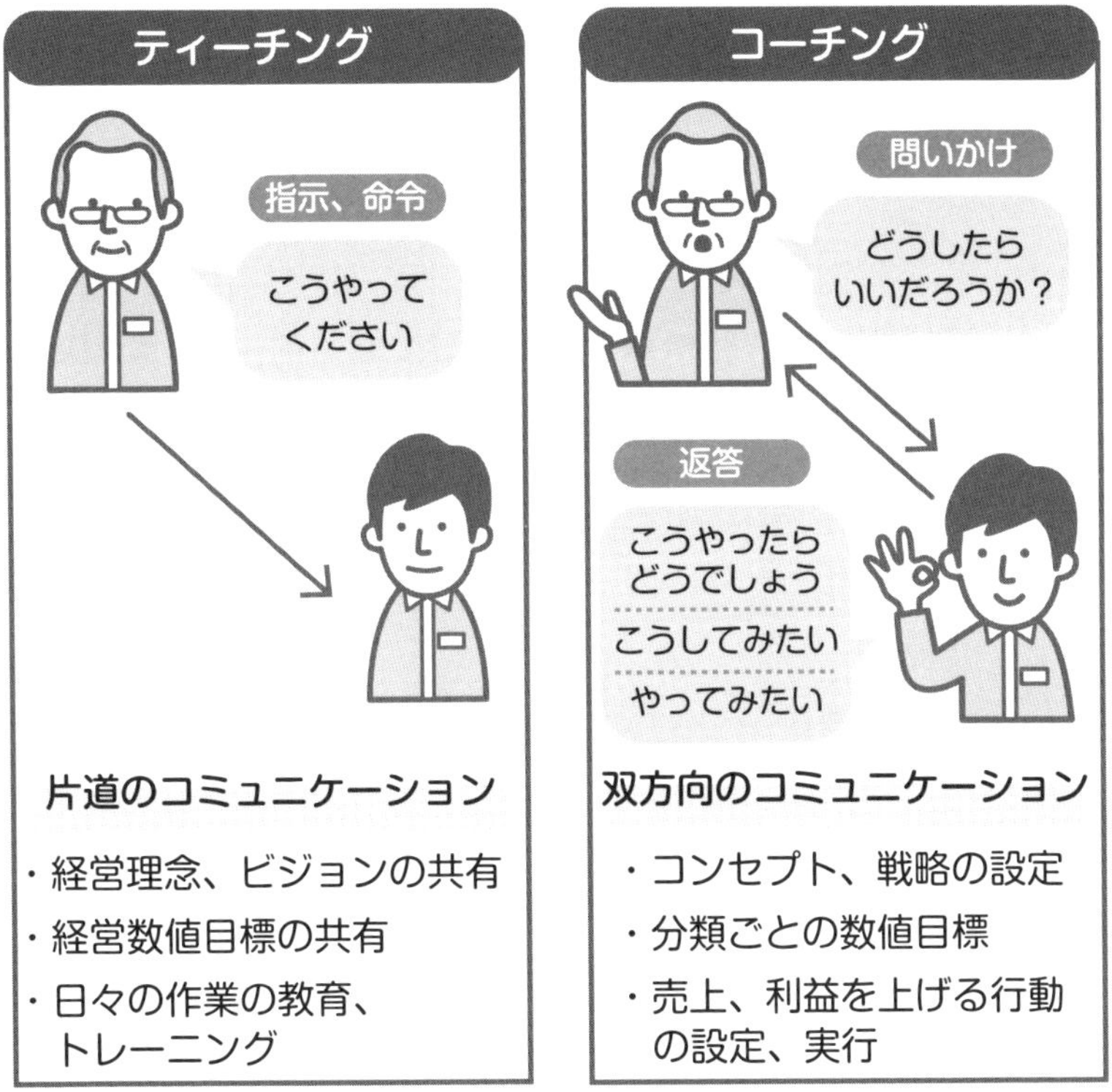
ティーチング
指示、命令
こうやって
ください
片道のコミュニケーション
・経営理念、ビジョンの共有
・経営数値目標の共有
・日々の作業の教育、
トレーニング
コーチング
問いかけ
どうしたら
いいだろうか？
返答
こうやったら
どうでしょう
こうしてみたい
やってみたい
双方向のコミュニケーション
・コンセプト、戦略の設定
・分類ごとの数値目標
・売上、利益を上げる行動
の設定、実行

MORS の法則（具体性の法則）

売上を上げよう
売上 70 万円を
達成しよう
どうやって？
揚げ物を
3 万円売ろう
チキンを 1 日 50 個
売るために 1 人が
20 人にレジで
声かけしよう
M Measurable
（計測できる）
O Observable
（観察できる）
R Reliable
（信頼できる）
S Specific
（明確化されている）

お店での信頼構築方法

前項で従業員教育の重要性と手法を述べましたが、このコミュニケーションはオーナーと店長、従業員の信頼関係があってこそ成り立つものだといえます。そこでこの項では、店舗での信頼関係の作り方について、特に大切な6つのポイントを挙げます。

①名前を呼ぶ

人は名前で呼ばれたときに初めて相手を信用しようとするものです。頻繁に顔を合わせる間柄の従業員であっても、挨拶時には必ず名前を呼ぶように意識します。

②笑顔

お店が忙しいとき、大変なときにこそ「笑顔」を心がけます。従業員は必ずオーナー、店長を見ています。上司が難しい顔をしている中で、笑顔での接客は難しくなるので、お店の中では笑顔でいることが基本です。

③当たり前をほめる

細かいこと、できて当たり前のことでも必ずほめるように意識します。特にベテランの従業員ほど「やって当たり前」と感じて、ほめる、認めることが少なくなりがちです。

④「ありがとう」を口癖にする

作業終了時、休憩に入るとき、発注実施時、報告を受けたとき、すべてに感謝して、それを言葉で伝えます。従業員がいることが当たり前ではないことを意識します。

⑤悪い部分を我慢する

「できないから自分でやる」のではなく、「できないことをできるようになってもらうこと」が、やる気向上の鍵となります。

⑥責任を取る

すべてのミスや起こった出来事の責任はオーナー、店長にあります。「成果は従業員」「ミスは店長」という意識で仕事に向き合うことが大切です。

その他の重要な信頼構築方法

相手のタイプを見極める	年上－年下、社交的－内向的、男性－女性、指示待ち－積極的、学生－フリーター－主婦　etc
プライベートに気を配る	従業員は生活の一環として働きに来ている。プライベートにも気を遣うと同時に興味を持つ
聞く＆待つ	一方的ではなく、一人の消費者としての意見を聞く。また、意見がまとまっていなかったらまとまるまで待つ
ペーシング（ミラーリング）	話し方や言葉、口調やテンポ、身振りなどを相手に合わせることにより、相手と同調して信頼を得る
サポート	適切な行動をしてもらうためのサポート。補助がある状態にして実施
任せる	サポートを徐々に減らし、自ら考えて行動してもらう

人を動かす5つのパワー

ここまで、店長が果たすべき役割や仕事について述べました。最後に、人を動かす5つのパワーについて、コンビニエンスストアという場でみていきます。

◑人を動かす5つのパワー

一橋大学名誉教授の野中郁次郎氏は、人が統制力や影響力を与える際には、「合法力」「報酬力」「強制力」「専門力」「同一力」の5つのパワーがあると説いています。

①合法力

組織から公式に与えられた権限であり、フランチャイジーの経営者、またはそこから与えられた「店長」としての役職を指します。

②報酬力

報酬を与える能力であり、給与を支払う、または労働契約を結ぶ、シフトを決めるなどの権限を指します。

③強制力

就業規則に沿ったものとなりますが、お店にとってマイナスな影響を与えた場合に処罰ができる権限をいいます。

④専門力

自分の専門的な知識のことであり、オーナー、店長としての経験や学んできたことを伝えることで、人を動かすことを指します。

⑤同一力

一体感を創り出すことであり、このオーナー、店長の下でがんばりたい、と思わせる力です。同一力を発揮するには、前述した信頼関係を構築すること、そしてティーチングやコーチングなどの教育手法を理解し、使えるようになっていなければなりません。

コンビニエンスストアの店長は、これらの5つのパワー、特に最後の同一力を持たなければ、お客様に満足していただけるお店は維持できません。この点で、店長という仕事はとても重要なポジションなのです。

人を動かし、最大限に能力を引き出す５つの力

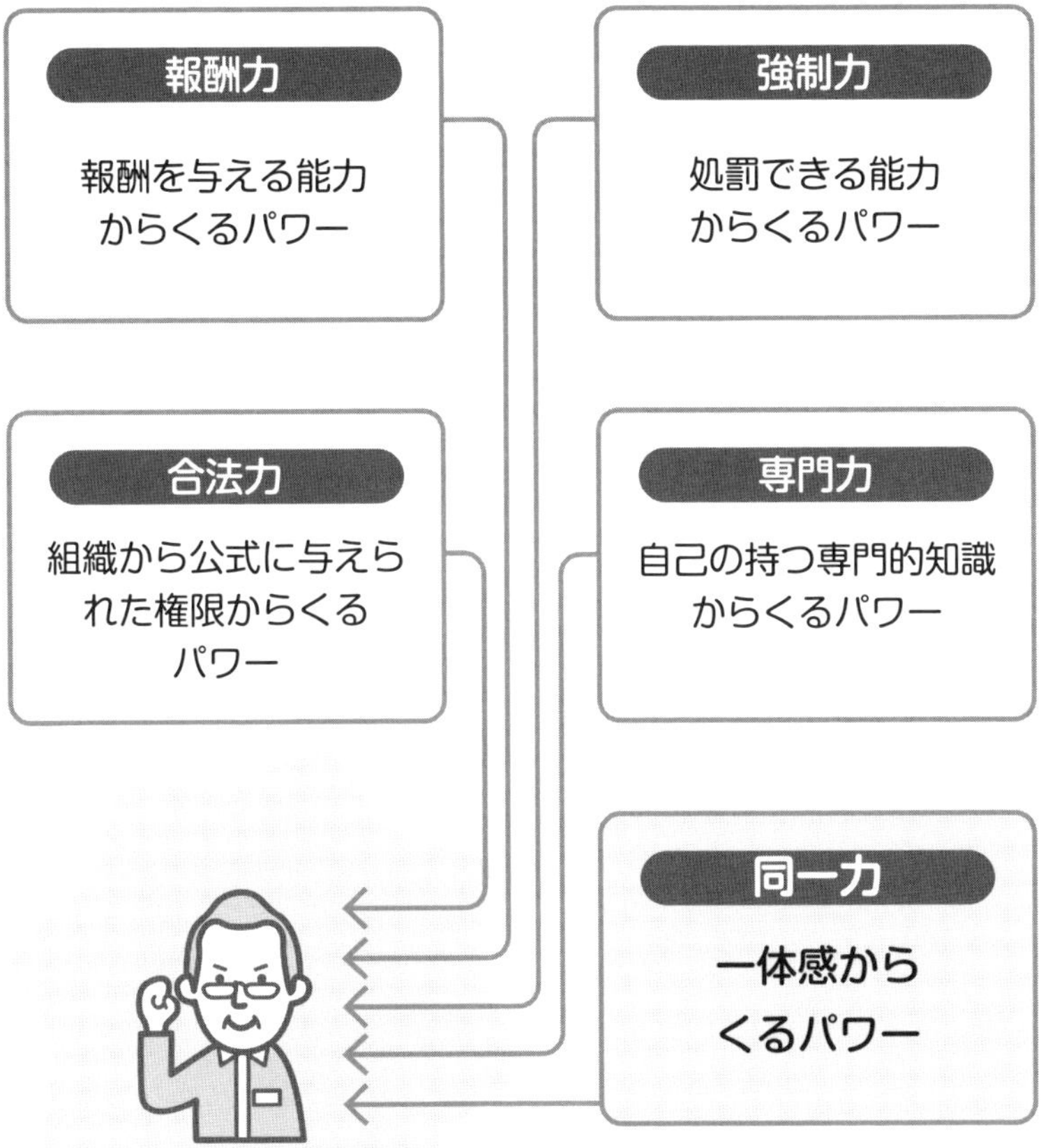

「この人と一緒ならいくらでもがんばれる」と思わせる力。「この人と目標を一緒に達成したい」という強い意欲を引き出し、自発的に積極的に動くようになる。

出典：勝見 明『セブン - イレブンの「16 歳からの経営学」』（2005）

4章

コンビニの数値管理

コンビニの開業資金はいくらかかる？

ここでは、コンビニエンスストアを開業しようと考えた場合、「いくらかかるのか」をみていきましょう。大手3社のホームページに掲載されている、「開業時に必要な資金」を左ページにまとめました。

まず考えなければならないのは、「土地・建物を自分で用意する場合」と「土地・建物を本部が用意する場合」です。

前者はその内容の通り、店舗の土地や建物を加盟するオーナーが用意します。コンビニの発展期には、他の小売店からコンビニへと業態転換するケースが多かったため、この契約が主流でした。立地やそのときの建築資材の価格、建物の大きさや駐車場の整地費用によって幅があり、改装費のみで済む場合もあれば、数千万から数億円の投資が必要な場合もあります。

一方、後者は店舗自体を本部が用意し、経営者としてその施設、設備を使って商売を行う方式です。初期投資が低く抑えられており、基本的には左記の資金のみで始められます。この方式で、本部は急激な出店数に対する加盟者を確保してきました。

◑加盟時に必要な資金の内容

土地・建物以外でかかる経費は次の通りです。

①研修費

コンビニの経営を学ぶ、本部が実施する研修の費用です。初めて出店する場合は夫婦で参加することが多く、2名分の研修費となります。

②開店準備手数料

店舗オープンまでに行う、商品の搬入や陳列、その他準備にかかる費用です。従業員の確保や教育以外にかかる多くの作業の費用が含まれます。

③出資金・元入金

自己資本（正味資産）と呼ばれる項目に入る、オーナーの手元に残る資金です。開業時に必要となりますが、実際には本部のものではなく、オーナーの商品準備金の一部となります。

コンビニ大手3社の開業資金

24 セブン-イレブンの加盟金（成約預託金）

土地・建物を自分で用意		土地・建物を本部が用意	
研修費	55万円	研修費	55万円
開業準備手数料	110万円	開業準備手数料	55万円
開業時出資金	150万円	開業時出資金	150万円
合計	315万円	合計	260万円

24 ファミリーマートの契約時必要資金

土地・建物・設備を自分で用意		土地・建物を本部が用意	
元入金	150万円	元入金	150万円
合計	150万円	合計	150万円

24 ローソンの開業時必要資金

土地・建物を自分で用意		土地・建物を本部が用意	
研修費	55万円	研修費	55万円
開店準備手数料	55万円	開店準備手数料	55万円
出資金	0万円	出資金	100万円
店舗運営必要資金	100万円	店舗運営必要資金	100万円
合計	210万円	合計	310万円

※土地建物を自分で用意する場合は別途その費用
※販売免許申請費用等は別途加盟者負担あり
各社ホームページより（2023年4月時点）

コンビニの運転資金はいくらかかる？

次に、コンビニエンスストアを運営するにあたり、加盟店（オーナー）はどのくらいの運転資金が必要になるかをみていきます。

コンビニオーナーは、フランチャイザーである本部と対等な契約を結ぶ一事業者であり、経営者となります。ですので、フランチャイズといえど、通常の会社を経営する、または個人事業主として事業を運営するのと同様に資金が必要になります。

ここでは店舗運営外でかかる費用（店舗運営費用については後述の損益計算書などで詳しく説明します）を大まかにみていきます。

まず、開業資金と同様に、「土地・建物を自分で用意する場合」と「土地・建物を本部が用意する場合」で異なります。

◑土地・建物を自分で用意する場合

自分の土地か、借りている土地かによって変わりますが、まずは①地代家賃がかかります。次に②建物や③土地（駐車場等）の整地費用（支払いが残っている場合）などの建築費用です。

また、日々の営業による建物や設備の劣化にかかる④建物などの修理費用については、オーナーが負担しなければなりません。

◑土地・建物を本部が用意する場合

上記の①から④までの費用は本部が負担するため、オーナーの負担は基本的にゼロとなります（チェーンの契約によって異なります）。

◑共通でかかる費用

⑤銀行等から借り入れた場合の利息、⑥接待交際費、⑦保険料、⑧各種税金の支払いがあります。

また、一般の小売店経営と違い、日々の仕入れ代金は必要ありません。これはオープンアカウントシステムの項（74ページ）で詳しく説明します。

この後、さらに詳細をみていきましょう。

コンビニの主な運転資金

法人（(株)○○）または
個人事業主の○○オーナーの PL、BS

【収益】
・株式売買
・不動産収入など

【経費】
・利子割引料
・接待交際費
・保険料
・教育費（研修費）など
・駐車場代
・地代家賃

【税金】
・事業税、法人税など

コンビニエンスストア
○○店の PL、BS

【収益】
・お店の売上

【売上原価】

【総収入】

【経費】
・お店の運営にかかる費用

【税金】
・計上なし

損益計算書

続いて、コンビニエンスストアの店舗の損益計算書（PL：Profit and loss）をみていきましょう。

通常の会社の損益計算書と同じく、「一定の期間内における売上と営業費などを記載し、その間にどれだけの利益を稼いだかを示すもの」です。

後述する貸借対照表を含めて、フランチャイズ本部は毎月、1ヶ月という期間でこの損益計算書を作成し、加盟店と共有します。

ただし、一般の会社が税務署に提出する税務用の損益計算書や、上場企業が株主、銀行など外部の利害関係者に企業の経営成績と財務状態を報告することを目的とした損益計算書と違い、あくまでも本部と加盟店間で、日々の経営状況の確認を行うためのものです。これを管理会計の損益計算書といいます。

左の図でみていきます。

◑1 売上高

通常の商品売上の他、公共料金の代理収納の手数料などの収入が含まれます。

◑2 売上原価

一般の小売業で使う「売価還元法」を使って計算します。初めにあった在庫（月初商品棚卸高）に当月の商品仕入高を足し、月末に残っている在庫（月末商品棚卸高）を引いた額が売上原価です。

「売上原価」ですので、売上につながらない商品、つまり売れずに廃棄した「廃棄ロス」や、管理不足や盗難などでなくなった「棚卸ロス」は差し引きます。あくまで売上になった商品の原価合計を計算するものです。

◑3 売上総利益

1の売上高の合計から、2の売上を上げるために要した原価を差し引き、売上総利益（Gross operating Profit：GP）を出します。これは粗利益とも呼ばれています。

粗利益率（GP率）は、どのくらい稼げているかを示す大事な指標の1つです。

コンビニの損益計算書（PL）

売上の合計 － 売上原価（純売上原価）＝ 売上総利益

＝

売上総利益 － ロイヤリティ － 営業費 ＝ 利益

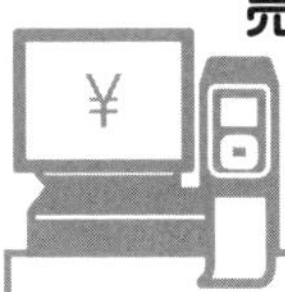

1　売上の合計

2　売上原価

純売上原価

月初の商品在庫
＋
今月仕入れた商品
－
月末にあった商品
＝
総売上原価

総売上原価
－
不良品、棚卸増減など
＝
純売上原価

3　売上総利益

どのくらいの付加価値を
つけて販売できたかを表す

5　総収入

4 ロイヤリティを除いた
オーナーの収入

利益

6 販売費及び一般管理費
（営業費）を除いた利益

◑4 ロイヤリティ

コンビニのフランチャイズ店を運営するうえで、加盟店が本部に支払うブランド使用料を含むお金をロイヤリティといいます。ロイヤリティは、売上総利益を分配することで成り立っています。

各チェーンの考え方によって「チャージ」や「本部フィー」など呼び名は異なり、ロイヤリティの率もチェーンごとに大きく異なります（2章参照）。

また、このロイヤリティから、各チェーンによって加盟店に対してさまざまなサポートが行われています。

一例を挙げると次の通りです。

セブン-イレブン

・24時間営業　売上総利益の2％減額

・満5年経過後、最大3％チャージを減額

・複数店経営奨励　売上総利益の3％減額　など

ファミリーマート

・24時間営業分担金　年間144万円

・店舗運営支援金　年間120万円

・そのほか販売奨励金　など

ローソン

・複数店支援　総粗利益高に応じ、本部ロイヤリティを2～6％優遇

・経営助成金　5万円×12ヶ月（契約形態により）

※初年度のみ　など

◑5 オーナー総収入

売上総利益の配分（ロイヤリティ）が計算された後、オーナーに残る月の金額が確定します。

◑6 営業費

お店にかかった費用がここに計上されます。一番大きいものは「人件費（従業員給料）」で、「廃棄ロス（不良品）」「水道光熱費」などが続きます。その他、「電話料」や「消耗品費」などの費用もここに計上されます。

チェーンによっては、廃棄ロスや水道光熱費の一部

各社の経費助成の例

	不良品	水道光熱費
ファミリーマート	不良品原価の 10 万円以上 30 万円未満：10% 30 万円以上 50 万円未満：50% 50 万円以上：15% を本部が負担	年間にかかる水道光熱費に対し 360 万円以下の部分の 90% を本部が負担 （360 万円以上の部分は加盟店の負担）
ローソン	売上に対する不良品の率により設定 2~3% 以下：20% 3~4% 以下：30% 4% を超えた部分：55% を本部が負担	店舗にかかる光熱費 50% を本部が負担 （負担する金額上限は 25 万円 / 月まで）
セブン－イレブン	不良品原価の 15% を本部が負担	店舗にかかる水道光熱費の 80% を本部が負担 （上限なし）

各社ホームページより（2023 年 4 月時点）

を本部が負担する費用サポートがあります。

なお、以前は「現金過不足」という項目も、お店によっては多く負担していましたが、自動釣銭のレジを使用している店舗ではこの費用が大きく減っています。

貸借対照表

次に、コンビニエンスストアの貸借対照表（BS：Balance sheet）をみていきます。

こちらも通常の会社の貸借対照表と同じように、ある時点（月末など）における資産と負債、純資産（自己資本）を記載し、会社の財務状況を把握するものです。損益計算書と同様に本部と加盟店間で経営状況の確認に使われます。

貸借対照表は、資産と自己資本（正味資産）＋負債の合計額が必ず等しくなります。

コンビニの各項目の内訳の一例は次の通りです。

◑1 資産

主に「商品の原価合計額」「お店にある釣銭用の現金」「売掛金」「保証金」などとなります。

◑2 自己資本（正味資産）

開業資金で入金した「元入金（出資金）」「これまでに積み立てた利益」「当月分の営業利益」「引出金（自己資本からマイナスされる）」などがあります。

コンビニを運営する際に注意が必要なのが、この「引出金」と呼ばれるシステムです。コンビニのフランチャイズの多くは、損益計算書の利益がそのままオーナーの元に入金されるわけではありません。これはオープンアカウントという決済制度があるからです（詳しくは次項で説明します）。

このため、オーナーは月に必要な金額を設定し、これを毎月の生活費として定額を受け取ります。

例えば、50万円と設定した場合、損益計算書の利益が80万円でも、30万円でも、オーナーの手元には50万円が入金されます。

◑3 負債

資産から自己資本（正味資産）を引いた残りが負債（借金）となります。これには「未払いの費用」や「消費税預り金（後に支払わなければならない消費税分）」のほか、コンビニの特徴であるオープンアカウントと呼ばれる本部への借金があります。

コンビニの貸借対照表（BS）

<table>
<tr><td rowspan="2">1 資産

お店にある
全財産
（現金や商品など）</td><td>3 負債

借金
（他に払うべきお金）
預かっているお金
オープンアカウント</td></tr>
<tr><td>2 自己資本

自分のお金
（利益＋積み立てたお金）</td></tr>
</table>

資産 ＝ 負債 ＋ 自己資本

仕入資金の悩みを解決！

オープンアカウントシステムとは何か

コンビニエンスストアの貸借対照表では、まず資産をすべて計上し、その後自己資本（正味資産）を計算、その後に資産から自己資本を引いて残ったものが負債となり、そこから未払いの費用などを除いた残りが、本部からの借金として最後に計算されます。これがオープンアカウントです。

本来、小売業では商品を仕入れる際に、原価を取引先に支払います。現金、買掛金として数週間から数ヶ月以内に振り込む、手形決済などさまざまな手段がありますが、当然、期限内に支払わなければ信頼を失って取引停止、さらには倒産ということになりかねません。商品が思った通りに売れなければ、この支払いに頭を悩ませることになります。小売店の経営者にとって極めて重要なのが、この資金繰りです。

一方、コンビニには毎日多くの商品が入荷しています。それらの支払期日を把握し、お金を準備するのは容易なことではありません。そこで、本部が一括して支払いをまとめ、オーナーの負担を軽減しているのです。さらに、加盟店が日々の売上を本部に送金し、本部はそこから支払いを代行した商品の仕入代金や水道光熱費などを差し引き、不足が生じたら運転資金を自動で融資しています。これにより、オーナーは資金繰りに頭を悩ませることなく、店舗運営に集中できるのです。

では、利益が積み上がり、本部への借金がなくなったらどうなるでしょうか。利益が積み上がると、月によっては左の図のように「オープンアカウント（本部からの借金）がマイナス」、つまり本部へお金を貸していることになります。この状態になると、オーナーがもらうべきお金が自動で本部から入金されるようになります。

自己資本を積み上げてオープンアカウントをマイナスにすることや、売れない商品を処理して無駄な資産を持たないことが、コンビニの健全経営への道です。

オープンアカウントのしくみ

資産 ＞ 自己資本

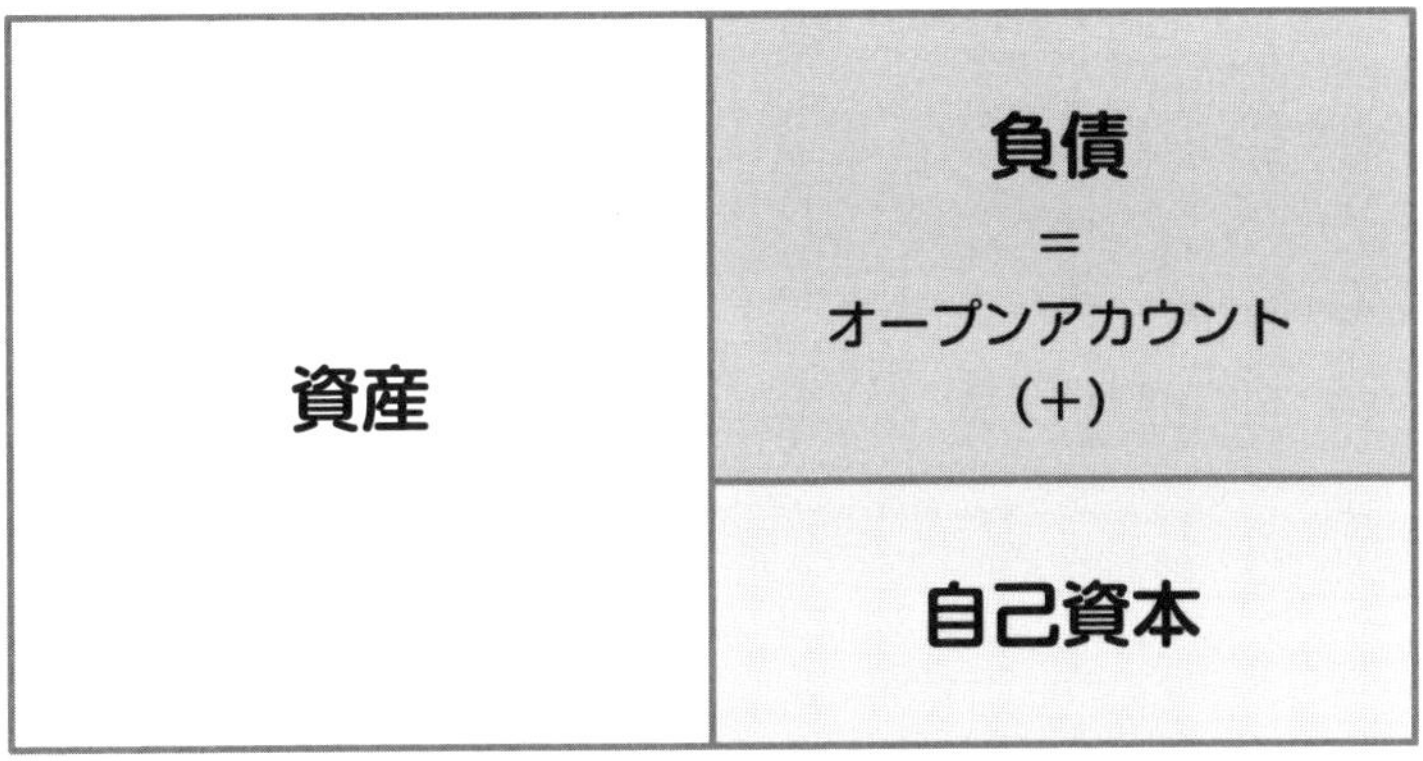

負債（オープンアカウント）が ＋ となり、
借金部分に対して利息がかかる

資産 ＜ 自己資本

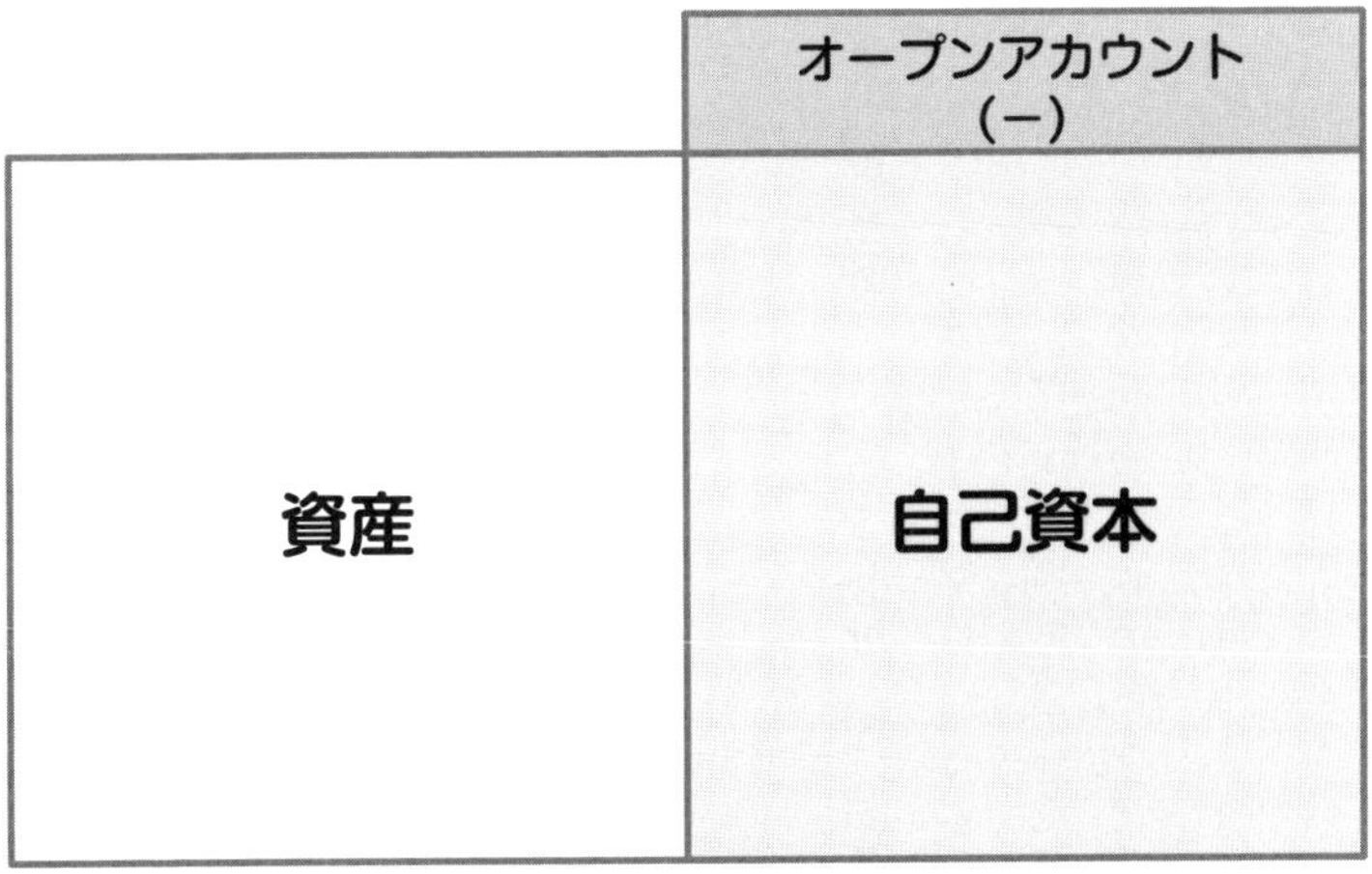

負債（オープンアカウント）が － となり、
オーナーがもらうべき部分は追加で送金される

売上構造の分析

損益計算書では「売上合計」や「売上総利益」などの説明をしましたが、もう少しシンプルに考えてみましょう。コンビニエンスストアの経営において、利益を増やすには、まずこの構造を知ることが重要です。

◑利益を分解する

コンビニの利益は、左の式の通り、

「売上」×「粗利益率（GP率）」－「営業費（経費）」

で算出できます。利益を上げるには、基本的にこの3つの変数をいかに変化させられるかで決まります。

例えば、粗利益率（GP率）は販売する商品によって異なります。コンビニの粗利益率は31%前後といわれますが、FF商品と呼ばれるファーストフード（揚げ物や中華まんなど）や日配品（パンやデザートなど）は、合わせると30%台後半~40%台前半もの利益率があります。雑貨商品も、高粗利のものが少なくありません。また、本部から一定期間、特別の原価（粗利益が増える）商品が推奨される場合もあります。

一方で、タバコや雑誌などは利益率が低い傾向にあります。FF商品や日配品など高粗利の商品に取り組むことにより、粗利益率を上げて利益を確保します。

◑売上を分解する

次に売上についてです。コンビニでも他の小売業でも、一定の売上がなければ事業の継続は不可能です。損益計算書の一番上にあるように、ここから計算が始まります。コンビニの売上は、次のように分解できます。

「客数」×「客単価」

さらに、それぞれは以下に分解されます。

「客数」＝「顧客数」×「来店頻度（何回来てもらえるか）」

「客単価」＝「買上点数」×「商品単価」

一部公共料金の代理受領などのサービスの収入を除き、売上にはこれ以外の変数はありません。

では、それぞれの項目が売上にどう影響するのか、そしてどうすれば数字を上げられるかをみていきます。

利益を上げるには、まず構造を知る

売上	×	粗利益率	−	営業費（経費）	＝	利益
1万円	×	30.0%	−	2,000円	＝	1,000円
2万円	×	40.0%	−	1,000円	＝	7,000円

売上を上げる ＆ 粗利率を上げる ＆ 営業費をコントロールする → **利益が上がる**

売上は何から生まれるのか

売上	＝	客数	×	客単価
売上	＝	新規顧客・既存客 × 来店頻度	×	買上点数 × 商品単価
1万8,000円	＝	10人 × 3回／月	×	3個 × 200円

売上を上げるには

売上 ＝ 新規顧客を獲得する × 来店頻度を上げる × 売上点数を増やす × 商品単価を上げる

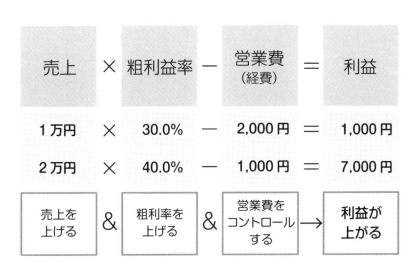

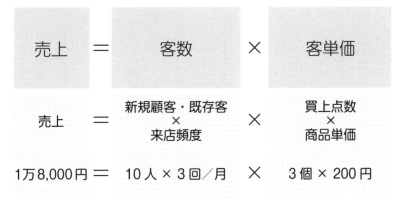

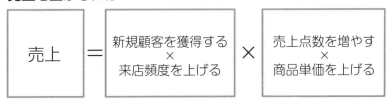

客数（新規顧客）

１日の平均の売上が60万円、１日の客数が１０００人だと仮定します。すると、１人あたりの客単価は６００円（60万円÷１０００＝６００円）となります。

式に変換すると、

１０００人×６００円＝60万円

です。

◑１日の来店客が10人増えたら売上はいくら上がる？

では、ここに１日10人の新しいお客様を獲得できたらどうなるでしょうか。

10人×６００円＝６０００円

１日の売上が６０００円増えることになります。たかが６０００円ですが、１ヶ月なら18万円（30日換算）、１年間では２１６万円の増加となります。

１日の売上（60万円）の約３・５日分が増えることになります。

１日に10人増やすには、人口が自然に増える、競合店が撤退する、交通環境が変わる、イベントや流行、テレビＣＭやＳＮＳ広告などが必要で、いずれも加盟店１店でどうにかできるものではありません。

◑来店客を増やすために店舗で取り組めること

一方、近隣のお宅を訪問してのアピールや、街頭でのチラシの配布、看板の設置などは、店舗によってできる努力です。

店舗の近隣の住民がすべてそのお店を知っているかというと、意外とそうでもありません。人の日々の行動はある程度決まっていて、自宅と駅の間にないお店には気づいていない場合があるからです。

また、のぼりの活用も有効です。例えば本部がテレビＣＭを展開中の商品やキャンペーンは、外を通る車や歩行者からできる限りよく見えるように設置し、お店に流入するきっかけを作ります。その際は、店内で該当商品やキャンペーンをきちんと目立たせることで、お客様の期待に応えていきます。

売上・利益を左右する要素① 客数（新規顧客）

新規の顧客を獲得する

売上	＝	新規顧客・既存客 × 来店頻度	×	買上点数 × 商品単価

1日の平均日販の分解

60万円	＝	1,000人	×	3.0個 × 200円

1日に10人の新規顧客を獲得すると……

6,000円	＝	**＋10人**	×	3.0個 × 200円

1ヶ月で **6,000円／日×30日 ＝ 18万円**
1年で **18万円×12ヶ月 ＝ 216万円の売上増加**

向上する（させる）要因

- ■人口増加（出生率上昇・流入）
- ■近隣施設の建設
- ■観光客の増加
- ■競合の撤退
- ■交通環境の変化
- ■イベントや流行
- ■テレビCMやSNS広告

- ■近隣への戸別訪問
- ■街頭チラシ配布
- ■野立て看板
- ■のぼり

客数（来店頻度）

次に来店頻度をみていきます。前項の1日の売上額の例「1000人×600円＝60万円」を使って考えていきましょう。

店舗によりますが、来店されているお客様のうち、コンビニエンスストアを週に1回だけ利用する人の割合は20％前後といわれます。このうち半分が週に2回来店するようになったら、どうなるでしょうか。

1000人×0・2（20％）×1／2×600円＝6万円

1週間で6万円の売上が増加します。1年間（52週）で考えれば312万円、年間では約5日分の売上が増える計算です。

◐来店頻度は店舗の努力で高められる

新規のお客様を増やす要因には、「人口が増える」など外部の要因が多くありました。一方、来店頻度を上げるには、ほとんどがお店のクオリティ（質）が重要になります。

例えば、「この人から買いたい」という店員さんのいるお店、「このお店にきたら欲しいものがあるな」と感じるお店に行くことはないでしょうか。

よい接客や、適切な品揃えや商品の提案、CMやキャンペーンでやっている商品がきちんと展開されている、買いやすい売り場、さらにはいつもきれいに清掃に気を配っているなど、店舗運営におけるオペレーションが大切となります。

裏を返せば、オペレーションがきちんとできていないと、気づかないうちにお客様を失い、売上が下がっていきます。お客様は「汚いから」または「欲しい商品がないから」、あなたのお店にはもう行かないよ、といってはくれません。目に見えないところで、少しずつ信頼を失っていくことが一番怖いのです。

後述しますが、小さな積み重ねによるオペレーションの質の向上が、コンビニ経営の鍵を握っているといっても過言ではありません。

売上・利益を左右する要素② 客数（来店頻度）

来店頻度を向上させる

売上	＝	新規顧客・既存客 × 来店頻度	×	買上点数 × 商品単価

1日の平均日販の分解

60万円	＝	1,000人	×	3.0個 × 200円

来店頻度週1回のお客様が週2回来店されると……
（20％が週1回の来店）

6万円	＝	**1,000人×20％×$\frac{1}{2}$** ‖ **100人**	×	3.0個 × 200円

1ヶ月で　**6万円／週　×4週　＝24万円**
1年で　**6万円　×52週　＝312万円の売上増加**

向上する（させる）要因

- ■接客（フレンドリーサービス）の向上
- ■情報対応力
- ■また来たいと思う品揃えと商品提案
- ■買いやすい売り場作り
- ■CMやセール、キャンペーンの販促対応
- ■クリンリネス

コンビニの売上構造③

客単価（商品単価）

続いて、客単価について深掘りしてみましょう。２０２２年の日本フランチャイズチェーン協会のデータによると、コンビニエンスストアの客単価はおよそ７００円です。２０１７年の客単価がおよそ６３０円だったことを考えると、70円程度上昇しています。

前述の通り、客単価は商品単価（１つあたりの商品の単価）と買上点数（１人あたり何点の商品を購入しているか）に分解することができます。

先の例を「１人あたり、２００円の商品を３点お買い上げいただいた結果が６００円の客単価」とすると、次のように分解できます。

１０００人（客数）×２００円（商品単価）×３点（買上点数）

これが10円上がるとどうなるでしょうか。客数や買上点数が変わらないと仮定すると、

１０００人×10円×３点＝３万円

１日の売上が３万円増加することになります。１ヶ月では90万円（30日換算）、１年間では１０８０万円の増加で、なんと売上が約18日分も増えることになります。

裏を返せば、客単価が10円下がれば、前述の売上が減ってしまうことになります。

◑商品単価を上げるための方策

では、どのようにすれば商品単価を上げられるのでしょうか。２０２３年現在、さまざまな要因によって商品の値上げが起きています。これを外部の特殊な要因として捉えると、お店の周辺に高所得者層が増えれば商品単価は上がるかもしれません。ただし、これもお店ではコントロールできない要因です。

本部は質の高い商品を開発し、これに合った価格を設定する、店舗は安くて売りやすい商品だけでなく、幅広い価格帯の品揃えを行い、高価格帯の商品の価値を伝えることが、商品単価を上げるうえで大切です。

売上・利益を左右する要素③ 客単価（商品単価）

商品単価を上げる

売上	＝	新規顧客・既存客 × 来店頻度	×	買上点数 × 商品単価

1日の平均日販の分解

60万円	＝	1,000人	×	3.0個 × 200円

商品単価が10円上がると……
（5%上がると）

3万円	＝	**1,000人**	×	3.0個 × 10円

1ヶ月で　**3万円／日　×30日　＝　90万円**
1年で　　**90万円　×12ヶ月　＝　1,080万円の売上増加**

向上する（させる）要因

■価格政策：納得性のある高単価商品
■金持ちが増える
■とりあえずなるべく高い商品を揃える
■付加価値を感じてもらう（試食、サンプル）
■品揃え価格バランス

客単価（買上点数）

売上を構成する要素の4点目は買上点数です。

コンビニエンスストアの買上点数はおよそ3・0個前後といわれます。これはお客様1人あたり平均して3個の商品を購入しているということです。もちろん、飲み物だけを買う人や、家族分の食事を買う人もいるので、あくまでも平均と考えてください。

これが0・1個増えたら、つまり10人に1人に1個追加で買ってもらえると、どうなるでしょうか。

客数や商品単価が変わらないと仮定すると、

1000人×200円×0・1点＝2万円

1日の売上が2万円増加することになります。1ヶ月では60万円（30日換算）、1年間では720万円の増加で、約12日分の売上が増えることになります。買上点数がたった0・1個増えただけで、これほどの影響を与えるのです。

◑買上点数を増やすための方策

では、どうすれば買上点数を上げられるのでしょうか。近隣に住む世帯人数が増えたり、お客様の胃袋が大きくなったりすれば、買ってもらえる商品数は多くなるかもしれませんが、これはお店ではどうすることもできません。一方、衝動買い・関連購入を誘う売り場、プラスセールス（お声がけ）、または欠品を最小化する、品揃えや在庫数を管理する、市場で流行っている商品にすぐに対応するなどをお店で実施することで、上げられる可能性があります。

たくさんの商品を置けるスペースがあれば、豊富な品揃えを可能にしますが、これは業態の特性上、難しいといえます。そこで、小さな売り場でいかに効率よく、お客様の欲しい商品を、欲しいときに欲しい数だけ用意できるかを重視する必要があります。そこで求められるのが「単品管理」という考え方です。日々の仕入れや在庫のコントロール、そして売り場では朝と夜で棚に違う商品を並べるなどの地道な対応と工夫が、小さい店舗で売上を上げることを可能にするのです。

売上・利益を左右する要素④ 客単価（買上点数）

買上点数を上げる

売上	＝	新規顧客・既存客 × 来店頻度	×	買上点数 × 商品単価

1日の平均日販の分解

60万円	＝	1,000人	×	3.0個 × 200円

買上点数が0.1点上がると……
（10人に1人がプラス1品、平均商品単価を購入）

2万円	＝	**1,000人**	×	0.1個 × 200円

1ヶ月で　**2万円／日　×30日　＝　60万円**
1年で　**60万円　×12ヶ月　＝　720万円**の**売上増加**

向上する（させる）要因

■近隣の人の胃袋が大きくなる
■CMやセール、キャンペーン
■世帯人数が増える
■衝動買い・関連購入を誘う売り場、プラスセール
■欠品を最小化　■品揃え・アイテム数
■情報対応力

コンビニの3大経費とは

次に、利益に大きな影響を与える「経費（営業費）」についてみていきましょう。

コンビニエンスストアの3大経費と呼ばれているのが、「人件費（給料）」「廃棄ロス（不良品）」「棚卸」です。この3つで経費合計の約90％を占めています。経費は利益に直結するので、いかに有効にコントロールできるかがコンビニ経営の大きな鍵を握ります。それぞれの経費についての考え方をみていきましょう。

◑1 人件費（給料）

経費の約70％を占めるのが、人件費です。近年は最低賃金の上昇や他業態との人材の獲得競争により、毎年2～3％上昇しています。お客様をきちんとした売り場で出迎え、混雑時でも不快な待ち時間を作らないようにコントロールするために必要な経費であるため、いかに生産性を上げられるかを考えることが重要です。

◑2 廃棄ロス（不良品）

食品ロスが社会問題となっていますが、コンビニも発生原因の1つです。前述の通り、欲しいときにお客様が求めるものを用意しなければ便利ではない、という考え方から、多くの食品廃棄を出してきました。近年は社会問題に対応するため、ファーストフードや日配品において、消費期限の長い商品の開発が進み、廃棄ロスは2～3％ずつ減っています。単品管理を徹底し、ムダな廃棄ロスを減らすことがさらに求められています。

◑3 棚卸（品減り）

仕入れたにもかかわらず、販売せずになくなる商品があります。この経費は月平均で2万円前後と少ないものの、3大経費の中で唯一ゼロにしたい経費です。人件費や廃棄ロスは、お客様満足度を考えるうえでゼロにできない経費であるのに対し、品減りはお客様の満足に関係ないからです。品減りは適正な在庫管理や従業員教育によって改善できる項目です。

コンビニの3大経費

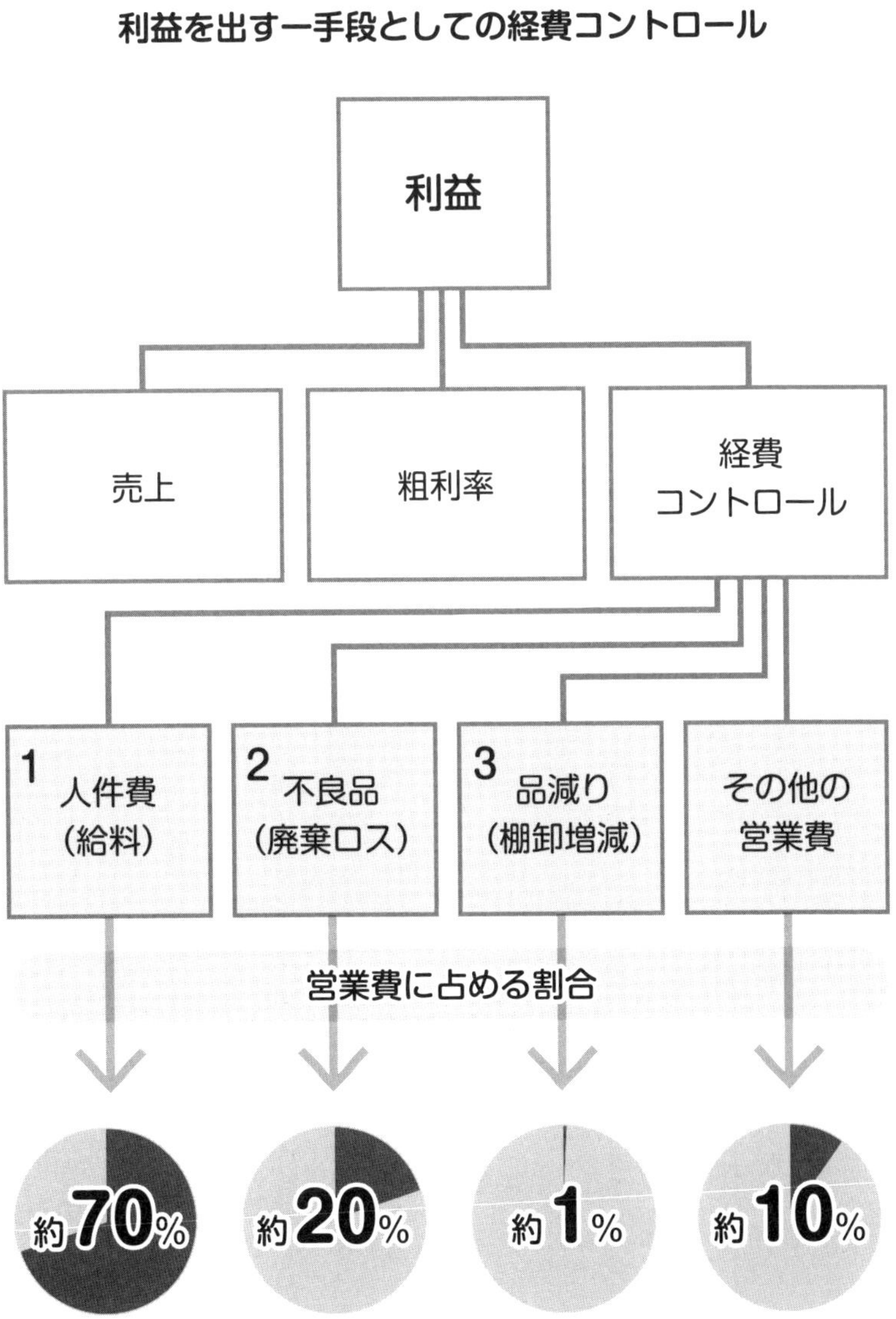
利益を出す一手段としての経費コントロール
利益
売上
粗利率
経費
コントロール
1 人件費
（給料）
2 不良品
（廃棄ロス）
3 品減り
（棚卸増減）
その他の
営業費
営業費に占める割合
約70%
約20%
約1%
約10%

人時の考え方

コンビニエンスストアの人件費を考えるうえで重要なものが、人時生産性という考え方です。まずはこれをみていきましょう。

人時（ＭＨ：マンアワー）とは、１人の従業員が１時間あたりに働いた作業を指します。「５人時」であれば、１人で取り組めば５時間かかり、５人で取り組めば１時間で終わる作業のことをいいます。

人時生産性とは、従業員１人が１時間あたりに稼ぎ出す粗利益高をいいます。式で表すと、

人時生産性＝期間の粗利益高÷総労働時間（総人時）

となります。

では、コンビニの人時生産性はどのくらいでしょうか。次の条件で考えてみます。

11月、平均日販60万円、粗利率30％、24時間常に２人シフト（社員なしでオーナー夫妻のみ）――この場合、総人時は24時間×２人×30日で１４４０人時となります。

粗利益高は60万円×０・３（30％）×30日＝５４０万円

人時生産性は５４０万円÷１４４０人時＝３７５０円

つまり、このお店は従業員１人が１時間働くごとに３７５０円の付加価値を生み出していることになります。付加価値から人件費などの経費を差し引いたものが利益です。これは小売業の平均である２４４４円（２０２１年６月中小企業庁「中小小売業・サービス業の生産性分析」より）に比べてかなり高いといえます。

しかしながら、コンビニの場合、本部へのロイヤリティが発生します。これを粗利益高（売上総利益）の50％とすると、お店の人時生産性は１８７５円となり、近年の人件費の高騰を考えると厳しい環境です。

限られた人時でいかに多くの付加価値（粗利益高）を生み出すかは、前述した従業員の力の発揮、つまりやりがいを引き出すコミュニケーションが重要となってくるのです。

コンビニの人件費と利益

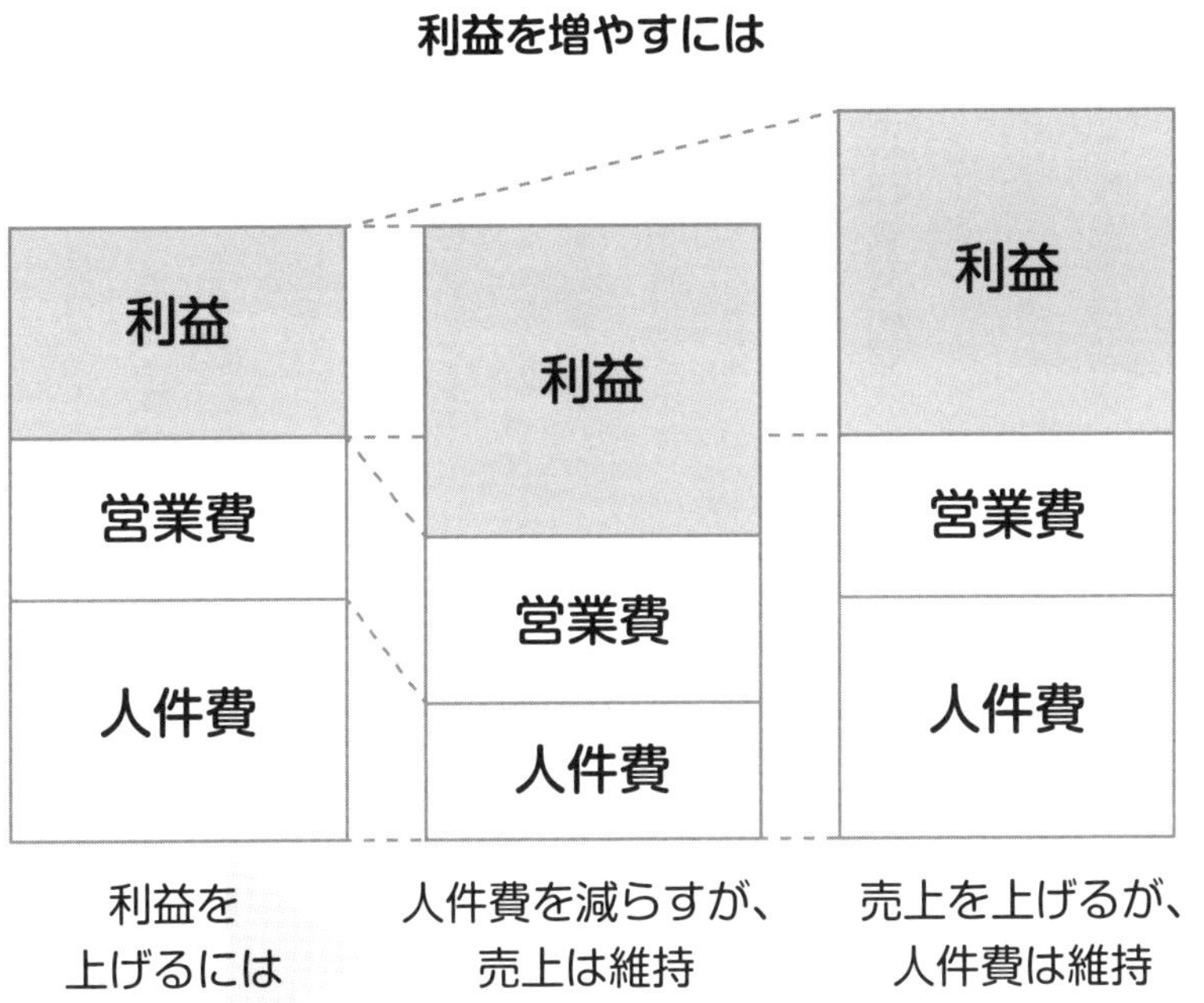

どちらにしても利益を増やすには**人の動かし方に変化**（効率を上げること）が必要

ワークスケジュール（作業割当）

ワークスケジュールとは「売り場規模に対して適正な利益を生み出すための最適な作業の組み立てと人員の構成」であり、作業割当は「誰が、何時から何時まで、どこで、何の作業を行うのかを明確に提示すること」をいいます。

◑作業割当を作成するうえでのポイント

①誰が何をやるのかを明確にする

作業の責任を人にきちんと紐づけることで、できた・できなかったかを確認できるようにします。

②作業にかかる時間を明確にする

従業員間での認識のズレをなくすために、その作業にかかる時間を記載します。

③偏りのないように作業を配置する

不公平感がないように、レジや品出しなどを偏りがないように振り分けます。

④固定作業と変動作業を把握する

作業は固定作業と変動作業に分けることができます。作業割当を作る際には、まず変動作業で多くかかる時間を目安に配置していきます。早く終わる時間を基準にしてしまうと、「量が多かったからできない」という言い訳にもなりかねません。その後作業をやらなくてもいいという誤ったメッセージを排除するためにも必要です。

⑤ベース作業と付加価値作業を分けて考える

ベース作業だけでなく、付加価値作業もきちんと作業割当に記載することで、「やるべき仕事」であることを認識してもらいます。

注意点は、一度作って終わりではないという点です。コンビニエンスストアは季節によって作業内容が大きく異なります。夏は冷凍品の納品量が増えますし、ドリンクが売れるため補充が多くなります。一方で、冬はおでんや中華まんの仕込みの時間が必要です。

作業割当はこれらを加味しながら、1ヶ月に1回など、定期的なメンテナンスが必要です。

コンビニの人件費② ワークスケジュール（作業割当）

作業割当作成の前提 ＝ 作業を分類して考える

固定作業	販売数量や入荷数量と関係なく、時間が定まっている作業 例）清掃、現金管理、温度管理、発注など
変動作業	販売数量や入荷数量により作業時間が変動する作業 例）納品、鮮度管理、揚げ物の仕込みなど
店舗ベース作業	**ゲーム感覚でできるしくみ（チェック方式や時間測定方式）** お客様に買いやすい売り場を提供するための基本的な作業 例）清掃、品出し、鮮度管理など
付加価値作業	**やりがいを創出するしくみ（数値検証方法）** プラスの売上や客数増につながる作業 従業員の育成と能力を引き出す 例）売り場作り、発注、接客など

①店舗ベース作業の効率化と教育によるスピードの向上
②付加価値作業の時間配分を高め、人時生産性を上げる
この 2 つが出来るかどうかがカギとなる

データによる管理

次に、在庫管理の基本とデータによる管理の方法をご説明します。オープンアカウントシステムでは、在庫の仕入れに対しては本部が自動で融資をしてくれるという特徴がありました。だからといって無計画に仕入れをしてもいいかというと、それも問題です。

在庫とは「売上につながる見込みのあるもの」です。売上につながらない、つまり売れないモノは商品とはいえません。在庫を持ちすぎても、持たなすぎても問題が起こります。小売業、特にコンビニエンスストアの狭いスペースで最大の効果を発揮するには、在庫を適正に管理する必要があります。

◑在庫管理の2つの方法

在庫管理の1つ目は、**金銭による管理**（ダラーコントロール）です。小売店における一定期間の金額による在庫管理の方法であり、コンビニでは棚卸時の在庫高やPLの月末商品棚卸高、BSの資産項目の商品でどのくらいの在庫があるのか、総額で管理します。一方、**数量の管理**（ユニットコントロール）も必要です。これは小売店における一定期間の在庫数量による在庫管理の方法です。後述するPOSデータなどで個々の商品の動向や数量変化を把握します。

次に、**商品回転率**というデータの管理手法をみていきましょう。これは在庫がどのくらい回っているか（売れているか）を示す指標で、次の計算式で表されます。

商品回転率（回）＝期間の商品売上高÷商品在庫高

これにより、在庫の持ち方が適正か（売れている在庫を持てているか）を過去や他店と比較してみていきますが、コンビニではお店全体を管理するにはあまり使いません。なぜなら、食品などは高い回転率ですが、雑貨などは月に1～2個しか売れない商品も多いからです。商品群ごとに商品回転率をみていくことで、初めて使えるデータとなります。また、この商品回転率に粗利益率を掛ける交叉比率を使う場合もあります。

コンビニの在庫管理① 適正な在庫

在庫の基礎知識

在庫
=
売上につながる見込みのあるもの

過剰在庫の影響

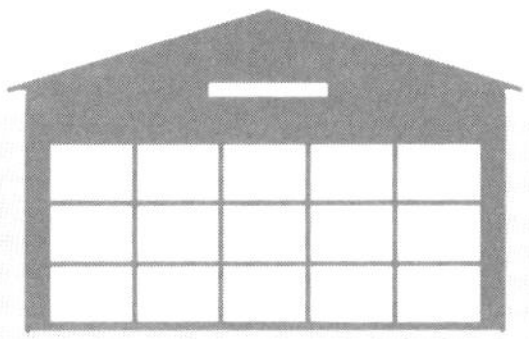

❶現金の減少による資金繰りの悪化
❷売れ残りによる鮮度の劣化
❸売れ残りの破棄による原価分の負担
❹保管スペースの確保と賃料負担
❺新商品、売れ筋商品の陳列場所が確保できない

過少在庫の影響

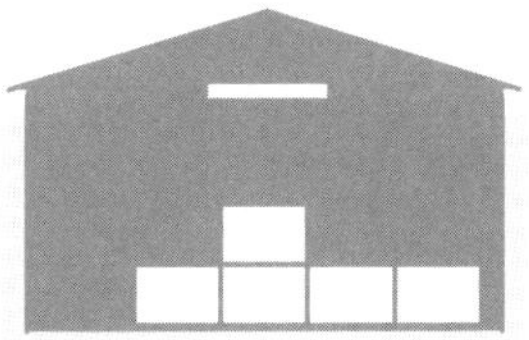

❶欠品の発生による販売機会ロスの増加
❷欲しい商品がないことによる顧客離れリスク
❸欠品トラブルによる処理時間の確保

ロスの種類

次に、棚卸でのマイナス、品減りロスを考えるうえでは「商品ロス」という考え方を理解する必要があります。商品ロスとは「本来あるはずの商品（帳簿在庫）と実際にある商品（実在庫）の差」のことをいいます。これは先ほどのダラーコントロール、つまり金額で把握していきます。

◑値下げ販売した場合のロスは？

左の図のように、売価合計から仕入れた商品の合計（原価合計）を差し引いたものが本来得られる利益のはずです。ただし、そう簡単にいかないのが小売業です。次の例で考えてみましょう。

60円で仕入れて100円で売りたかった商品が売れなかったため、値引きして70円で売った。

この場合、本来得られるはずだった利益は40円ですが、実際の利益は10円です。この30円のマイナス分を「値下げロス」といいます。定価で売れば得られる利益が得られなかった商品評価損となり、ロスの一部ですが商品ロスとは異なります。

◑「商品廃棄ロス」「棚卸ロス」が生じる要因

他にも「商品廃棄ロス」と「棚卸ロス（品減りロス）」があります。

商品廃棄ロスとは、鮮度の低下や売れなくなってしまった商品（死筋商品）の発生により、商品を処分することをいいます。前述の3大経費の中では不良品（商品廃棄）を指します。後述する単品管理によっていかに減らしていけるかを考える必要があります。

棚卸ロス（商品ロス）とは、本来あったはずの商品がなんらかの理由でなくなってしまうことをいいます。

これには主に①商品管理、②帳票管理、③従業員管理、④外部要因の4つの原因があります。

一般的に小売業には万引きが多いといわれていますが、一概にこれが原因だとはいえません。実際にこの4つの点を改善できれば、棚卸ロスは大きく減らせます。次の項で具体的な対策をみていきましょう。

コンビニの在庫管理② ロスの管理

ロスの基礎知識❶

ロス
＝
本来あるはずの商品と実際の差
帳簿在庫と実在庫の差であり、金額で把握する

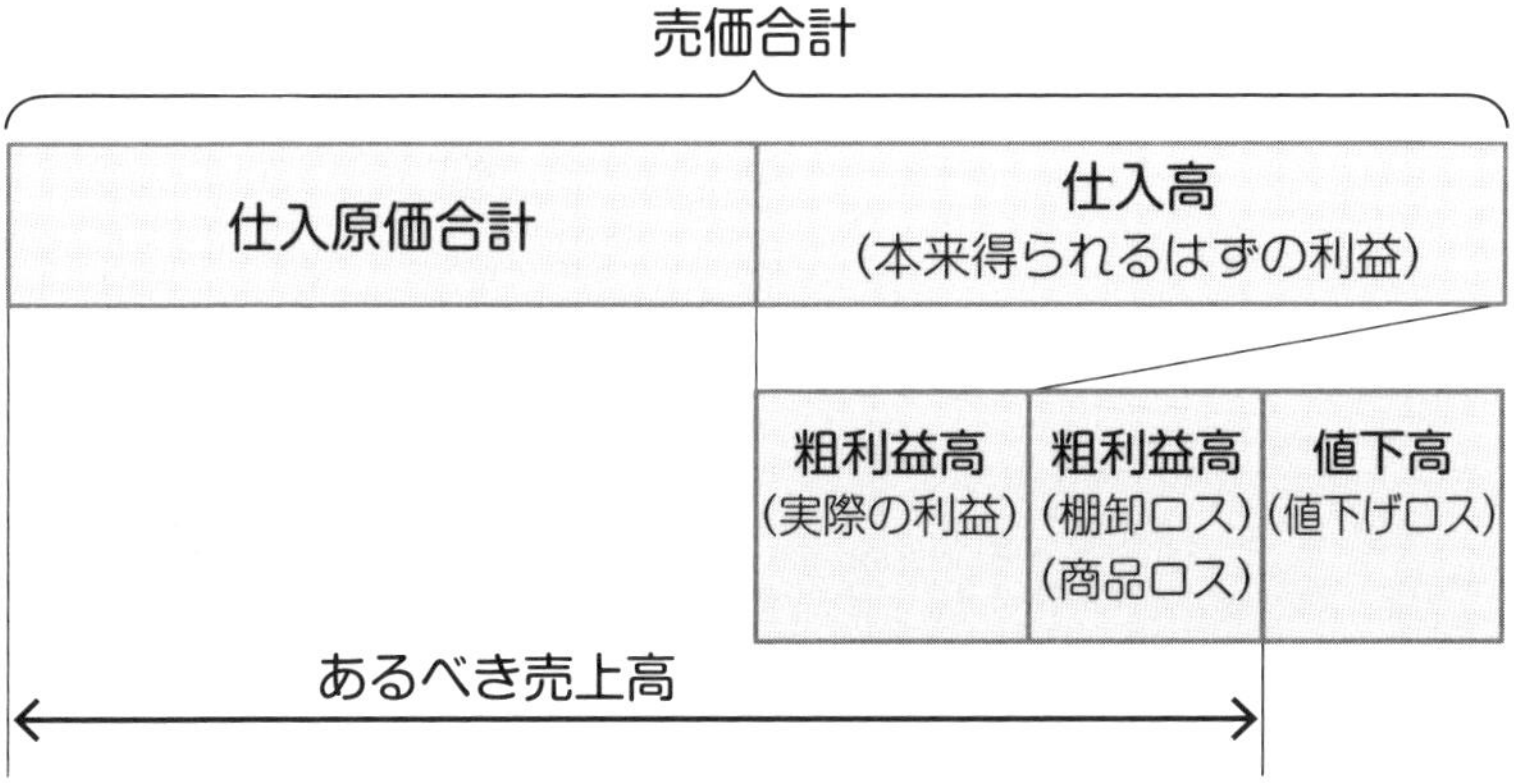

■主なロスの発生原因は３つ

値下げロス	需要予測の誤り
	発注ミスによる商品の売れ残り
商品廃棄ロス	鮮度低下やダメージ
	死筋商品の発生
棚卸ロス（品減りロス）＝商品ロス	万引き
	盗難
	従業員の不注意
	棚卸ミス
	従業員の不正行為
	検品ミス

コンビニの在庫管理③

品減りの要因と対策1

まず、品減りの要因の1つ目「商品管理」についてみていきます。大きくは「過剰在庫」「在庫未整理」「金券管理」が品減りを起こす要因となります。棚卸は数ヶ月に1回、在庫を確定するために本部が棚卸業者に依頼して行われることがほとんどですが、この棚卸業者がカウントしやすくする、または従業員が管理しやすい環境を作ることが重要です。

これには次のような対策があります。

・売り場での管理がメインとなるような在庫で管理する）
・死筋在庫は早めに処理（値下げ、廃棄）する
・どこに何があるかわかりやすく管理する（折りたたみ式コンテナへ分類のわかるシールの貼付など）
・落として凹んでしまい、売り物にならなくなった缶の処理（報告含む）や従業員私物の管理
・事務所の机やホワイトボードに余計なものを置かない（5Sの徹底）
・金庫や金券の入っている引出しは必ず施錠し、ルールを作って管理を徹底する

2つ目の要因は「帳票管理」です。コンビニエンスストアでは日々、さまざまな伝票が発生します。具体的には売上や廃棄、仕入れの伝票があり、1日分の取引を確定させます。これもミスが起こると在庫に大きな影響を与えるため、現場では次の対応が求められます。

・廃棄登録（カウンター商材含）のルールを明確にする
・廃棄、値下げの登録者への教育を徹底する
・値下げ後の対応（ラベル貼り）などを忘れない
・伝票計上や入力のルールを決めて漏れのないように実施する（何時に入力するか、誰がやるかなど）
・帳票のファイリングを必ず徹底する
・本部経由の仕入れではない商品の伝票処理、管理を徹底する

これらを行うことにより、ミスを減らしていきます。

コンビニの在庫管理③ 品減りの要因

■品減りの要因を４つに分類して考える

❶商品管理

過剰在庫

在庫未整理

金券管理

❷帳票管理

廃棄-値下げ登録

現金仕入計上

新聞雑誌返品

❸従業員管理

検品ミス

不正

レジ打ち間違え

❹外部要因

万引き

盗難

棚卸ミス

各要因の事前の対応が品減りを削減する

品減りの要因と対策2

品減りの要因の3つ目は「従業員管理」です。コンビニエンスストアでは人が一定程度の仕事を行っている以上、ミスが発生します。これを教育やルール作りによって減らしていきます。

・読み上げ登録（レジで商品を打つ際に金額を確認）を徹底する
・レジ周りを整理し余分なものを置かない
・初期の教育を徹底
・納品数量に±の誤差がある場合はオーナー、店長へメモ書きでも必ず報告してもらう
・売り場での検品はなるべくしない（検品中にお客様が持っていかれる可能性がある）
・モノ、カネについて、主体者が意識しているところを見せる（定期的な在庫の確認など）

などによりヒューマンエラーを減らしていきます。

最後の4つ目が「外部要因」です。万引きや盗難、そして棚卸業者のカウントミスなどが考えられます。

これにも次のような対策をしていく必要があります。

・前出し（フェイスアップ）を徹底する（1個減ったら気づくので万引きしにくい）
・「いらっしゃいませ」など挨拶の徹底
・従業員がいない時間を作らない（特に夜勤の時間帯に注意する）

近年、AIカメラにより不審者の行動をアラームで知らせる防犯システムや、自動で検品できる一括検品システム、AIによる発注などの機械化が進んでいます。一方でレジの無人化導入店舗では、お客様のミスによる商品の打ち漏れなども発生しています。

機械化や自動化を進めるにも、必ずこの4つの視点はコンビニの現場では欠かせません。従業員やお客様を犯罪者にしないためにも、きちんとした管理が必要なのです。

コンビニの在庫管理④ 品減りの対策

整理整頓の基礎知識

5S

職場管理の前提として必要な**5つのS**

整理	捨てる	必要か不必要かを判断し、いらないものは片付ける
整頓	すぐわかる	必要なものを必要なときにすぐ使用できるように、決められた場所に準備しておく
清掃	きれいにする	必要なものを常にきれいに（異物、汚れを取り除く）しておく
清潔	上の3つを維持する	整理・整頓・清潔が繰り返され、汚れのない状態を維持していく
躾	守る	決められたルールを守り、整理・整頓・清掃・清潔を常にみんなで維持していく

5章

コンビニのマーチャンダイジング

マーチャンダイジング・サイクルとは

マーチャンダイジングとは「商品政策」や「商品化計画」のことで、製造業では「売れる商品作り」を指します。小売業においては、お客様のニーズに合う商品を適切な数量や価格、タイミングで提供することをいいます。コンビニエンスストアはスーパーマーケットやドラッグストアのように大きな売り場を持たないため、狭い売り場で最大限にお客様のニーズに応えられるようにするには、この考え方が欠かせません。

一方で、コンビニチェーンは本部と加盟店はそれぞれ独立した事業者です。レギュラーチェーンと呼ばれる「直営店」のみで展開している企業は、本部が決めた品揃えをそのままお店に並べる方式を採っている場合もありますが、フランチャイズチェーンがほとんどのコンビニではそうはいきません。ここで、本部と加盟店のマーチャンダイジングを簡単に整理します。

◑本部のマーチャンダイジング

市場（展開エリア全体）で求められている商品やサービスを全体的に把握し、どのような品揃えであればそれが満たせるかを検討します。立地に合わせた商品もここに含まれます。全国のメーカーや提携先の工場、地域の製造を担う企業と交渉して、商品の仕入れや開発を行うことも重要な業務です。また、加盟店からの発注（商品注文）に迅速に応えるため、事前に商品を確保し、倉庫での保管を行いますが、これに対応できるよう仕入れのタイミングを調整します。さらに、市場で最も受け入れやすい価格を調査し、「推奨売価」として加盟店に提示します。

◑加盟店のマーチャンダイジング

個店によって立地環境や使われ方が異なるため、自店ではどのような商品がどのくらいあればいいかを考え、主に本部が推奨している商品で品揃えを行います。仕入れは加盟店の権利であり、本部が強制できるものではありません。仕入れた商品はお客様が手に取りやすいように展開していきます。

本部と加盟店のマーチャンダイジング・サイクル

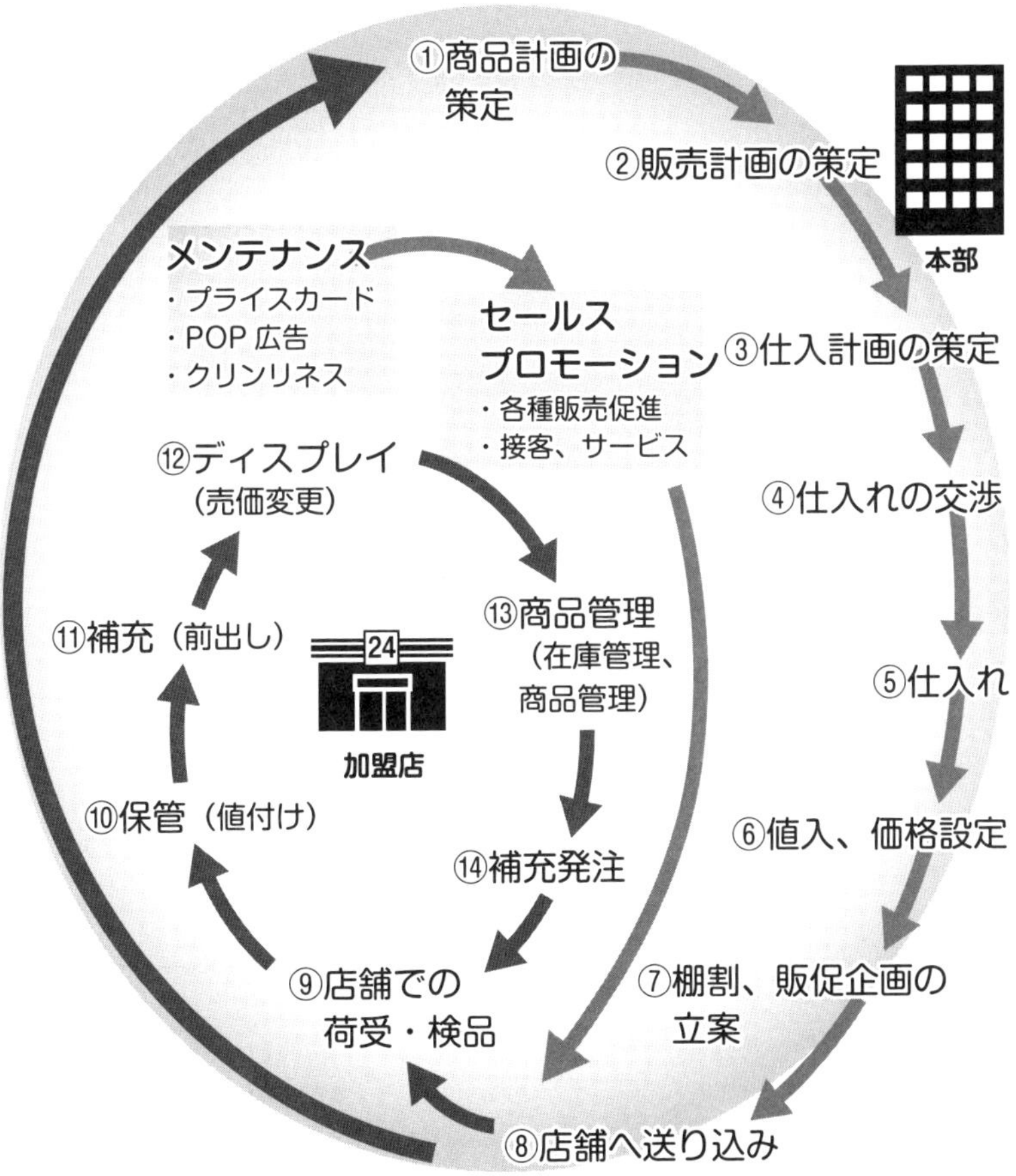

出典：日本商工会議所・全国商工連合会編『販売士ハンドブック（基礎編）上巻』P125

商品計画とは

ここからは「本部」のマーチャンダイジングについて詳しくみていきます。まずは「商品計画」です。

本部は自チェーンに対する顧客からの要求について、加盟店全店の置かれている状況を加味しながら、品揃えの計画を戦略的に立てていきます。ただし、最終的な仕入れの決定権は加盟店にあるので、あくまでも本部が「推奨」する商品のラインナップを考えます。これを左図のように捉えると、まずは「顧客」とは誰か、を定義しなければなりません。

例えばセブン-イレブン・ジャパンのコーポレートアウトラインで公開されている、お客様の「年齢階層別構成比」によると、1993年には30代未満が約60%だったのに対し、2019年に同じ割合を占めるのは40代以上と大きく変化しています。人口動態の変化にも影響は受けますが、もともと若い頃からコンビニエンスストアに馴染みのある客層がそのまま利用しており、新たな顧客を獲得できていないのかもしれません。また、同じ顧客が継続利用しているとしても、嗜好は年齢の変化によって大きく異なってきます。

「便利に」使ってもらうことがコンビニの大命題ですが、限られたスペースの中ではターゲット顧客をまずは明確にします。これは大手3社それぞれの戦略があり、どの層をターゲットに置くかによって、品揃え（や展開しているサービス）は異なります。さらに、その顧客が商品に満足し、継続的に使っていただけるように、計画的に連続性を保ちながらコンセプトを持って商品を推奨していかなければなりません。

◑「比較選択購買」と「関連購入」

比較選択購買とは「商品を見比べながら最も気に入った商品を購入してもらうこと」であり、例えばPBとNBの併売などです。また、関連購入は「ある商品購入の際に、合わせてライフスタイルに当てはまるような商品を同時に購入してもらうこと」で、品揃えを考えるうえでこの関連性が重要となります。

商品計画（品揃え計画）とは

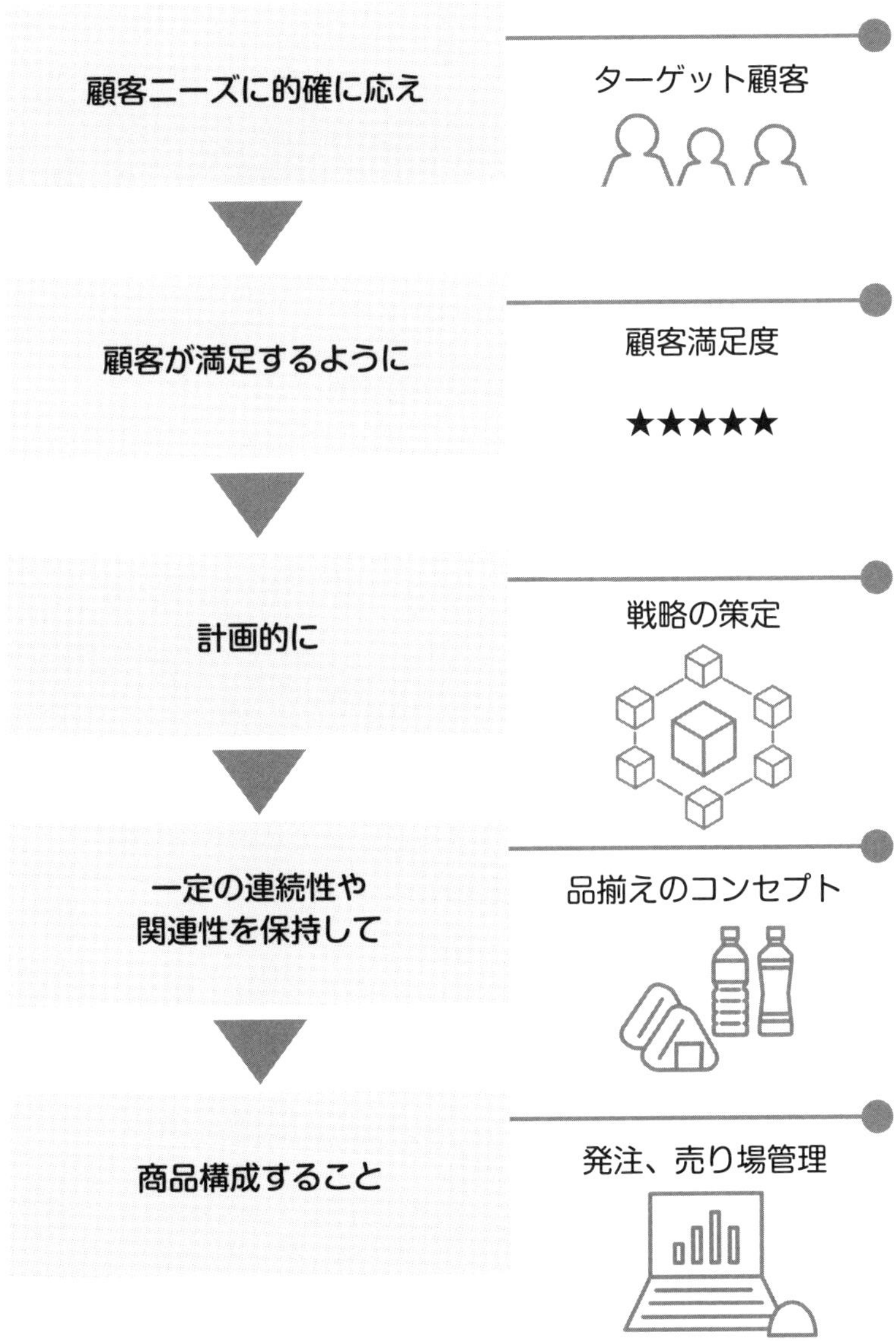

出典：日本商工会議所・全国商工連合会編『販売士ハンドブック（基礎編）上巻』
P146を筆者一部改

本部のマーチャンダイジング②

商品構成と商品のプロダクトライフサイクル

前項では商品計画（品揃え計画）の重要性をみてきました。立地の条件は個店によって変わるものの、全体を通してターゲット顧客を見据えた品揃えを本部は提供（推奨）します。まずはその商品構成の考え方をみていきましょう。

◑商品構成の階層

チェーンによっては７０００～８０００点前後の推奨商品がある中で、商品を探すのは一苦労です。そこで、分類を品種と品目に分けていきます。品種には「ライン（大分類）」「クラス（中分類）」「サブクラス（サブクラス）」などがあり、各分類でどのくらいの「幅」を持って品揃えしていくかを考えます。例えばコンビニエンスストアでは、ライン（大分類）では即食といわれるすぐ食べられるおにぎりやお弁当、お菓子、雑貨、加工食品、飲料などがあります。飲料ではソフトドリンクというクラス（中分類）でパック飲料と分け、次にサブクラス（小分類）でお茶系飲料、コーヒーなどに分けていきます。最後に品目として無糖、微糖、ラテなどに分けることで、個々の商品を揃えていくかを整理します。

◑商品のライフサイクル

商品にはライフサイクルがあります。これをプロダクトライフサイクル（ＰＬＣ）といい、認知度が上がると販売量が少しずつ上昇し、ピークに達した後に少しずつ売れなくなる、商品の動きのことです。

セブン-イレブンの創業者である鈴木敏文氏は、ＰＬＣはどんどん速くなり、新商品が発売後すぐにたくさん売れ、一定期間売れた後に急に売れなくなる「茶筒型」、売れる期間がもっと短い「ペンシル型」などに変化していると指摘しました。お客様のニーズの移り変わりが激しくなっている中で、この変化へ対応していく重要性が問われていると語っています。

コンビニで毎週新商品が棚に並ぶのは、こういった変化に対応していくためでもあるのです。

商品を大分類・中分類・小分類・品目に分類する

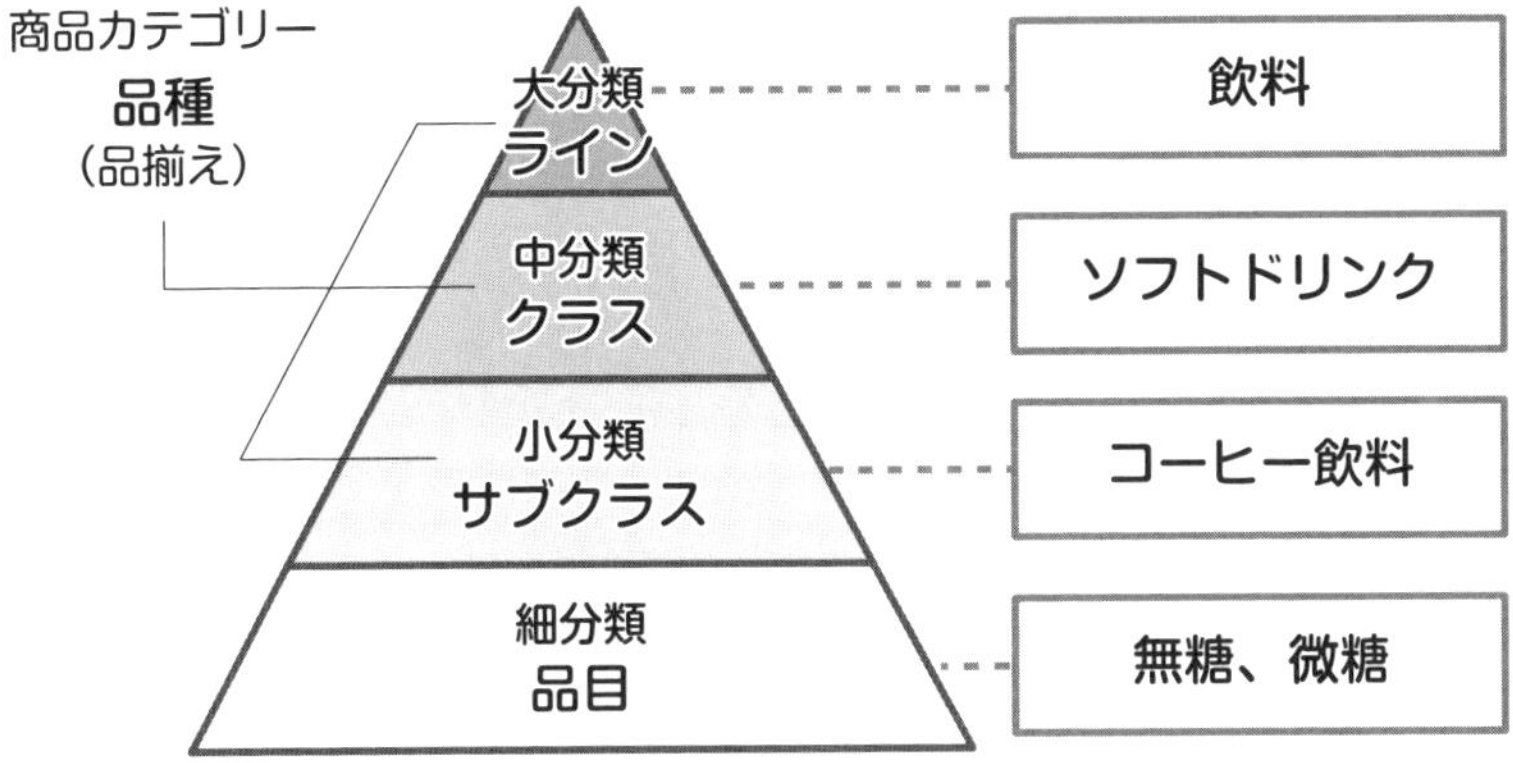

品種（品揃え）	幅	各分類をどれだけ広げて品揃えするか
品目	深さ	個々のアイテムへのこだわり

出典：日本商工会議所・全国商工連合会編『販売士ハンドブック（基礎編）上巻』P148を筆者一部改

プロダクトライフサイクル（PLC）

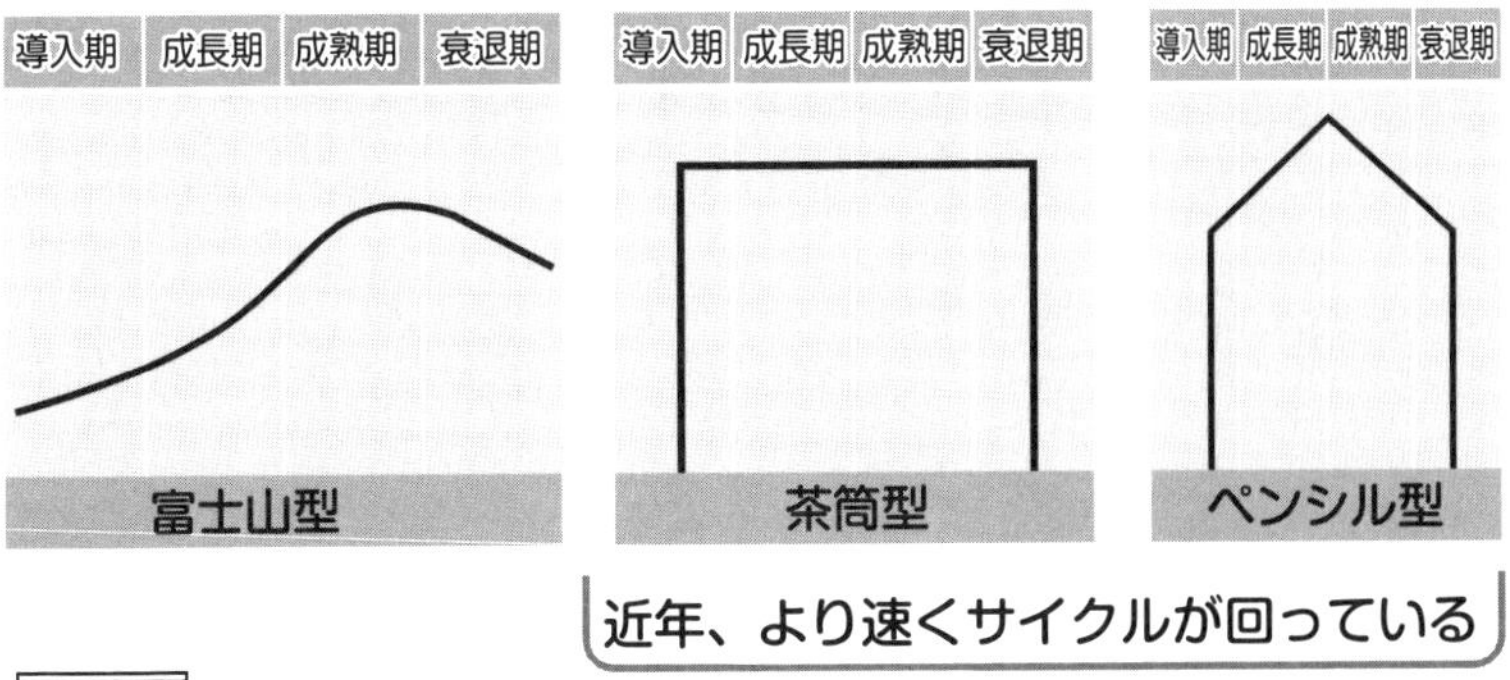

商品の売れ行きを「導入期」「成長期」「成熟期」「衰退期」に分けて対応を決める考え方

新商品の作り方

チェーンの本部は、お客様のニーズに合うよう、そして加盟店が発注したくなるような商品を推奨します。一方で、お客様のニーズに対応するためにも「飽きられない」ことが重要です。

コンビニエンスストア1店舗には約３５００もの商品が品揃えされ、そのうち約7割は1年で入れ替わっています。これは毎週50～１００の新商品が発売され、すべてではなくてもこれがお店に品揃えされていくからです。それぞれのチェーン本部は、この新商品の開発に力を入れています。

◑本部の商品開発

チェーンの本部には商品開発をするＭＤ（マーチャンダイザー）がいます。商品の仕入れルートの開拓を含め、新商品の企画、開発を行います。もちろん、本部のみでは商品開発はできないので、原材料や製品のメーカー、包材、資材、機材メーカーを巻き込んでさまざまな助けを得ながら開発します。これを「チームマーチャンダイジング」と呼びます。例えば２０１２年に発売し、２０２２年2月までの累計販売数が70億杯に達した（「食品新聞」２０２２年7月31日）7カフェは、三井物産がコーヒー豆を調達、ＡＧＦやＵＣＣが焙煎、製氷を小久保製氷冷蔵、マシン制作を富士電機が行うなど、各メーカーの強みを活かした商品開発によって大ヒットにつなげました。

◑ＰＢ（プライベートブランド）

ＮＢ（ナショナルブランド）と呼ばれる、商品を製造するメーカー自身のブランドの商品に対して、小売業者が企画、開発をして独自のブランド商品として販売するものをＰＢといいます。セブン‐イレブンの「セブンプレミアム」、ファミリーマートの「ファミマル」などがあり、「セブンプレミアム」の２０２１年度の売上高は1兆３８００億円にもなります。他社との差別化を図るという意図も含めて、各チェーンともＰＢ商品の開発、拡大に力を入れています。

セブンカフェの製造に関わる企業

販売計画と仕入計画

コンビニエンスストアの本部は、前項の商品開発とともに、どのタイミングでどのように販売していくか計画を作成します。これには本部のＰＯＳ（販売時点情報管理）のデータが活かされます。もともとはアメリカで従業員のレジの打ち間違いや不正の防止目的に使われていたＰＯＳを、1982年、セブン-イレブンが世界で初めてマーケティングに活用しました。現在ではこのデータをさらに深く分析し、購買の実態と傾向を把握することで販売計画の作成に活かしています。

仕入計画とは、この販売計画に基づいて、仕入れの時期や数量などの方針を決定するものです。大手チェーンは1万店以上の規模となるので、急に注文しても、メーカーの生産が間に合いません。一定程度、予測、打ち合わせをして納品のタイミングを決めます。また、近年では規模の大きさから全国の加盟店すべてに同じ商品を並べるのではなく、地産地消も取り入れながら、各地域のＭＤが地域限定の推奨商品を開発するなど、供給量をコントロールする取り組みも進んでいます。

◑集中仕入れ（セントラルバイング）と随時仕入れ

仕入れには、タイミングの違いによって、集中仕入れと随時仕入れがあります。集中仕入れは本部が一括して大量に仕入れることにより、原価の低減化や有利な仕入れ条件を得られるなどのメリットがあります。一方、随時仕入れではその都度仕入れることにより過剰な在庫を持たず、在庫ロスが生じる可能性を抑えられます。コンビニは本部が集中仕入れを行い、加盟店がそこから随時仕入れを行います。加盟店はこの両面のメリットを享受することができます。

◑ＰＢとＮＢ商品の違い

メーカーはチェーン本部の仕入計画をＮＢ商品の製造に活かしますが、確実ではありません。一方、ＰＢ商品はそのチェーン独自の商品なので、基本的には注文数量はすべて買い切りとなり、在庫ロスを抱えなくて済むというメリットがあります。

販売計画の流れ

①販売分析　②販売計画　③販売活動の管理

外部情報の収集と分析　／　内部情報の収集と分析

↓

購買の実態と傾向の把握【①販売分析】

↓

販売目標の設定【②販売計画】

↓

月別、商品カテゴリー別、その他にブレークダウン

↓

加盟店への情報共有【③販売活動の管理】

↓

計画の達成

販売活動をサポートする販促など

仕入計画と仕入方法

■仕入計画とは

販売計画に基づき、仕入先や方法、時期、数量などの方針を策定

仕入れ
バイング
(buying)

買付担当者をバイヤーと呼ぶ

■仕入方法

大量仕入れ		随時仕入れ	
メリット	デメリット	メリット	デメリット
原価の引き下げ	在庫過多	在庫軽減	欠品と作業量増

本部一括の大量仕入れ『集中仕入れ（セントラルバイング）』

価格の設定

本部は商品を推奨するにあたって、推奨価格（売価）も設定します。小売業に限らずあらゆるビジネスで、価格は利益の確保、お客様に受け入れられるかどうかを決める非常に重要な要素です。販売価格の決め方には、仕入れ原価にコストと欲しい利益を足して決めるコストプラス法（マークアップ法）や、消費者にとって買いやすい価格を設定するマーケットプライス法、競争相手を意識して相手に負けない価格を設定する方法などがありますが、これを加盟店が一つ一つ、3500ものアイテムで決めていくのは簡単ではありません。

このため、本部は市場に受け入れられやすい、かつ利益が確保できる価格を、左の図のような政策を元に設定して推奨（お勧め）しています。

◑再販売価格維持行為とは

「商品を仕入れて転売する（再販売する）際に、供給者がその価格を指示し、市場での価格の維持を目的とする行為」を再販売価格維持行為といいます。著作権のあるものや一部の商品を除き、原則的には独占禁止法により禁止されています。ただ、一つ一つの価格を考える手間を省く、さらには同じ「チェーン」というブランドで価格が違うとお客様が混乱するという理由から、ほぼすべての加盟店が推奨売価を活用しています。

◑コンビニの価格は高いのか

「コンビニは高い」というイメージがありますが、一部には他業態より安い商品は存在します。しかしながら全体的に高いと感じられるのは、コンビニエンスストアが3つの特徴を持つからです。1つはタイムコンビニエンスと呼ばれる、「時間と便利」を売ることで便利さを価値としていること、2つ目は狭い売り場で効率性を重視するため、値下げでの低粗利大量販売に向いていないこと、そして3つ目は自社工場を持たないので、取引先も含めて全体の高い利益を確保する必要があるからです。特に「時間」を買うという価値観が、これまでのコンビニの存在意義だったといえます。

さまざまな価格政策

種類	別名	内容
正札政策	通常価格	どのような顧客に対しても通常価格で販売し、顧客からの信頼を得る
端数価格政策	ー	998円や99円など、売価の末尾を8や9で統一し、顧客に安い印象を与える
段階価格政策	階層価格	**高級品**（アッパープライス）、**中級品**（ミドルプライス）　**普及品**（ロワープライス）の3段階に分けて展開する（松竹梅の品揃え）
慣習価格政策	ー	ガムやチョコレート、缶ジュースなど、すでに商品価格が一般的に一定の価格で定着している価格をそのまま適用する
名声価格政策	プレステージ価格	高級品などに使われ、高価格であることがブランド力となり価値を感じてもらう
割引価格政策	ー	一定期間だけに実施され、感謝セールや安売りデーなどの販売促進を狙う
均一価格政策	ー	シーズンの終わりなどにも用いられ、100円均一など原価の異なる商品に同一の価格をつける
特別価格政策	ー	目玉商品など、特定の商品に対して年間を通して著しく安い価格を設定する
見切価格政策	ー	シーズン商品の売れ残りや傷物、鮮度の悪い商品など、不良在庫を処理するために著しく安い価格を設定する

日本商工会議所・全国商工連合会編『販売士ハンドブック（基礎編）上巻』参照

顧客を随時獲得することを目的として価格の政策を使い分ける

品揃えの考え方・販売計画と仕入計画

レギュラーチェーン（直営店）であれば、店舗は送り込まれた商品を並べて販売するのが業務の流れであるのに対し、フランチャイズチェーンであるコンビニエンスストアでは、加盟店である各店舗が商品構成を考え、商品を発注（仕入れ）します。仕入れた商品はお店の責任で販売、在庫管理をしていくことになります。そして本部と同じように、左図の流れでマーチャンダイジング・サイクルを回していきます。

お客様はコンビニに、「営業時間の長さ」や「食品が一通り揃う」などの期待を持っています。また、同じブランドのコンビニには、ある程度、同じ商品が置いてあるという安心感が必要です。同じチェーンであれば、店舗の面積にもよりますが、およそ8～9割は同じ商品を置いています。

一方で、店舗の立地に合わせた品揃えも重要です。例えば、街道沿いで大きな駐車場がある店舗では車用品の品揃えを豊富に、周りに会社が多い立地では文具やストッキングなどの緊急で必要となる商品を多く揃えるなど、お店それぞれで品揃えが異なります。

◑販売計画と仕入計画

お店も本部と同じように、商圏内の住民または来店可能性の高い顧客に対し、最大多数（ターゲット）のニーズを満たすべく、「計画」を作成しています。

本部とのコミュニケーション役であるSV（スーパーバイザー）から、翌月に出る新商品やキャンペーンの情報を受け取り、売上や利益、人件費などの経費がどれくらい必要か、さらにはその売上を達成するにはどのカテゴリーに力を入れるのか、計画を作成しているのです。

限られた小さなスペースで、限られた経営資源（ヒト・モノ・カネ・情報）をいかに効率的に活用するかを考えるのが、コンビニ加盟店の販売計画と仕入計画といえます。

コンビニ加盟店のマーチャンダイジング・サイクル

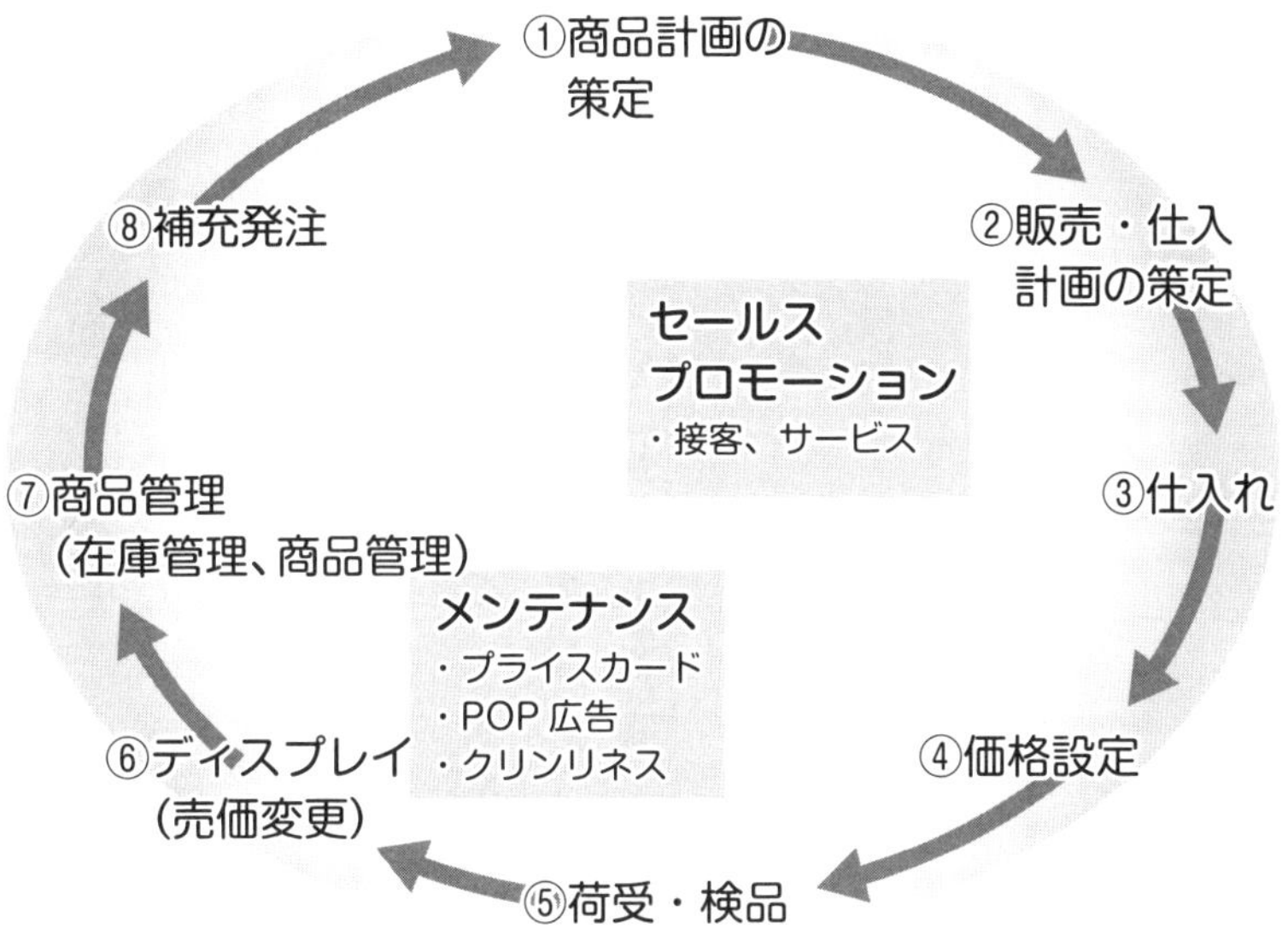

コンビニの特徴と期待への対応

1	営業時間の長さ	年中無休の長時間営業
2	一通り揃う食品中心の品揃え	40 坪に 3,500 アイテム
3	欠品のない売り場づくり	多品種少品目少量の納品
4	コンパクトな店舗サイズ	買いやすい売り場の実現
5	即食、生活必需品の商品が充実	間に合わせ買いへの対応
6	距離的な近さ	身近で密着した立地戦略
7	POS システムによる情報武装	情報の価値化

単品管理① 単品管理とは何か

コンビニエンスストアの店舗でのマーチャンダイジングには、お客様の欲しい商品を、欲しいときに、欲しい数だけ用意することが理想となります。ただ、１日に１０００人前後のお客様の欲しいものすべてを理解するのは簡単ではありません。そこで「単品管理」という考え方で店舗は発注しています。

単品管理は１９６０〜70年代にかけて、大西衣料（現・大西）やベニマルのＡＢＣ分析で用いられたといわれており、小売業においては昔から重要な概念と捉えられてきました。

コンビニ最大手のセブン‐イレブンではこの単品管理を徹底し、これが仮説‐検証として広く知られているところです。セブン‐イレブンの単品管理は「Tanpin-Kanri」として世界最高峰のビジネススクールであるHarvard Business Schoolでも事例研究として取り上げられた考え方であり、セブン‐イレブンを業界トップの座に導いた、その他のさまざまな強みの土台となるものですが、単品管理には、いくつかの捉え方があります。

①商品管理としてのシステムであり、サイズ別・スタイル別・色別・生地別・値頃別などに細分化した管理方法

②在庫管理として、過剰在庫や過少在庫を起こさないために、どのような方法で発注すればよいかを決定する管理方法

③マネジメントプロセスとしての手法であり、商品を仕入れてから販売するまでの一連のマネジメントプロセスを最も効果的に行う商品管理の方法

④マーケティングとしての考え方であり、顧客の問い合わせや購買履歴情報をマーケティング戦略に活用する手法

マーチャンダイジングにおいてはどれも正しい手法・考え方ですが、セブン‐イレブンでは③と④の意味合いで使われています。

単品管理の手順

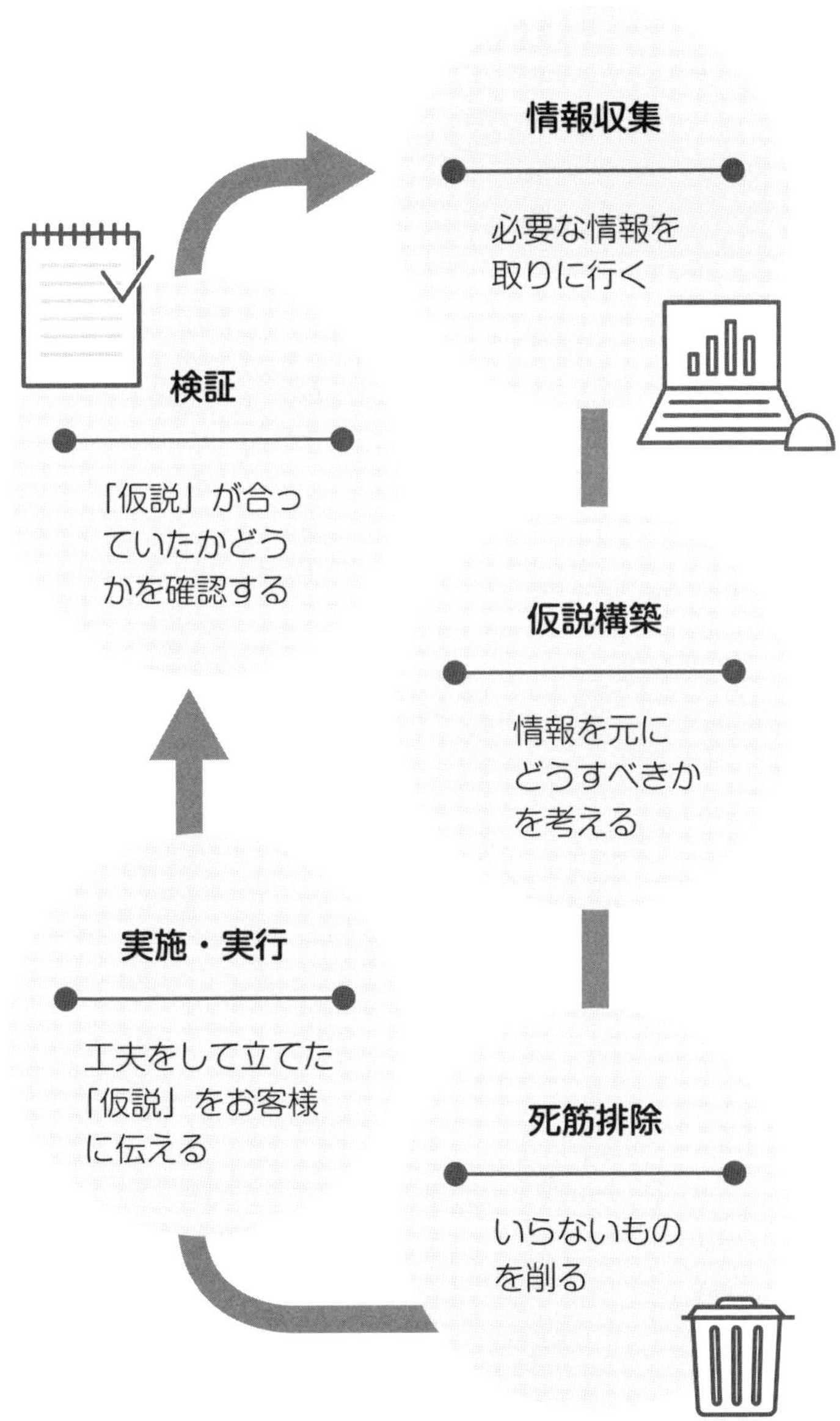
情報収集
必要な情報を
取りに行く
仮説構築
情報を元に
どうすべきか
を考える
死筋排除
いらないもの
を削る
実施・実行
工夫をして立てた
「仮説」をお客様
に伝える
検証
「仮説」が合っ
ていたかどう
かを確認する

単品管理２ 情報収集

単品管理の手順は、前項の図のように「情報収集」「仮説構築」「死筋排除」「実施・実行」「検証」の5つのステップを踏みます。これを一つずつみていきましょう。

まず、「情報収集」です。

発注するうえでとても重要なのが、「情報」です。大きく分けて「地域（商圏）」「お店（自店）」「商品」の3つの角度で集めていきます。それぞれ定量情報（数値で表せるもの）と定性情報（数字に表せないもの）があります。

◑地域（商圏）を知る

商圏内の人口や男女構成比、学校や事業所、駅の乗降客数などの定量情報を確認し、統計データから来ていただいていないお客様を探し、どこにチャンスがあるのかを確認します。また、地域の生活者の目線でお店周辺の人や自転車の流れや地形（高低差）、どんな傾向の人が住んでいるのかをみて、来ていただける可能性のあるお客様を探します。

◑お店（自店）を知る

前述のPOSデータなどを参考に、客数や男女来店比、時間帯別の売上やカテゴリー、単品の販売動向から、天候・曜日・季節・特異日（給料日など）ごとの変化指数を参考にしながら、お客様に不便を与えている部分を探します。さらに、自店がどのような立地で、お客様はどんなことを求めて来店されているのかを、店内のお客様の動きやコミュニケーションによって把握し、売り逃しているカテゴリーを探します。

◑商品を知る

これまでの販売数や欠品回数、粗利益率などの定量情報と、味や見た目、ボリューム、ターゲットの客層や市場の販売動向、流行、商品の使われ方などの定性情報から、お客様にお勧めしたい商品を見極めていきます。

こういった情報を集めることで、お客様のニーズに応えられる品揃えを目指します。

「情報収集」で知るべきこと

① 地域を知る

定量調査

・人口
・男女構成比
・年齢構成比
・学校の数・距離
・事業所数
・駅やバス停の乗降客数
・商業施設・競合　etc

定性調査

自店商圏（350m）
・どんな人が住んでいるか
・どんな人が使う施設があるか
・どんな人が働いているか
・競合の客層、使われ方は？

地域を生活者の目線で知る・感じる＝歩く

② お店を知る

定量調査

・客数
・男女来店比
・年齢来店比
・時間帯別売上
・客単価（商品単価・買上点数）
・情報分類別売上構成
etc

天候や曜日、季節、給料日などで変化する指数や催事での売上、客数、カテゴリー別売上変化を知る

定性調査

・住宅立地
・街道立地
・行楽立地
・駅前立地
・複合立地
etc

自分のお店がどのような立地で、どのようなお客様が来店されているかを知り、店内のレイアウトを考える

③ 商品を知る

分類や単品の性質・性能、数値効果を把握、理解する

定量調査・定性調査

・味
・量
・見た目
・ターゲット客層
・商品の使われ方
・販売数量
・荒利率
・市場の販売動向
・市場の流行の変化　etc

単品管理3 仮説構築

前項の「情報収集」で説明した情報は一定程度、オーナーや店長のみでも収集できるものです。ただ、次の「仮説構築」では、より深い情報が必要になります。

最近は各チェーンともに、ビッグデータやAIなど、データを発注に活用する流れがみられます。一方、例えば男性の店長は女性がどんなシーンでストッキングを購入するのか、夕食を用意するにあたってどんな悩みがあるのかなどは、想像することはできても、十分に理解しきれないことが多いのが実情です。

これを理解するには、お店の従業員と情報を共有する必要があります。従業員はお店の近くに住んでいる人がほとんどだからこそ、その地域の特性を含めて重要な情報を持っています。

以前はノートやミーティングなどで共有していましたが、最近はLINEやビジネスチャットなどのデジタルを活用した共有方法もみられます。これを活かして仮説を立てていきます。

◐仮説とは何か

「仮説」とは、「こういうことが起こりうる（求められている）から、○○の動きがあるだろう」と考えることで、例えば次のようなものです。

「明日は気温が30℃で、今日よりも5℃高くなる。近隣にイベントがあって高齢者の方の来店も増える。通常、梅のおにぎりは高齢者の購買比率が高く、普段は10個売れているから明日は30個売れるのではないか」

一方、「昨日、梅のおにぎりが10個売れたから明日も10個売れるだろう」は、予測であって仮説ではありません。たしかにデータ（定量情報）を使っていますが、あくまでも過去のデータであり、昨日のお客様と明日のお客様が求めるものは同じではないからです。

「今」から「未来」を捉えるのではなく、ゴール＝未来がどうなるかを、情報を持って想定することが仮説構築なのです。

仮説と予測の違い

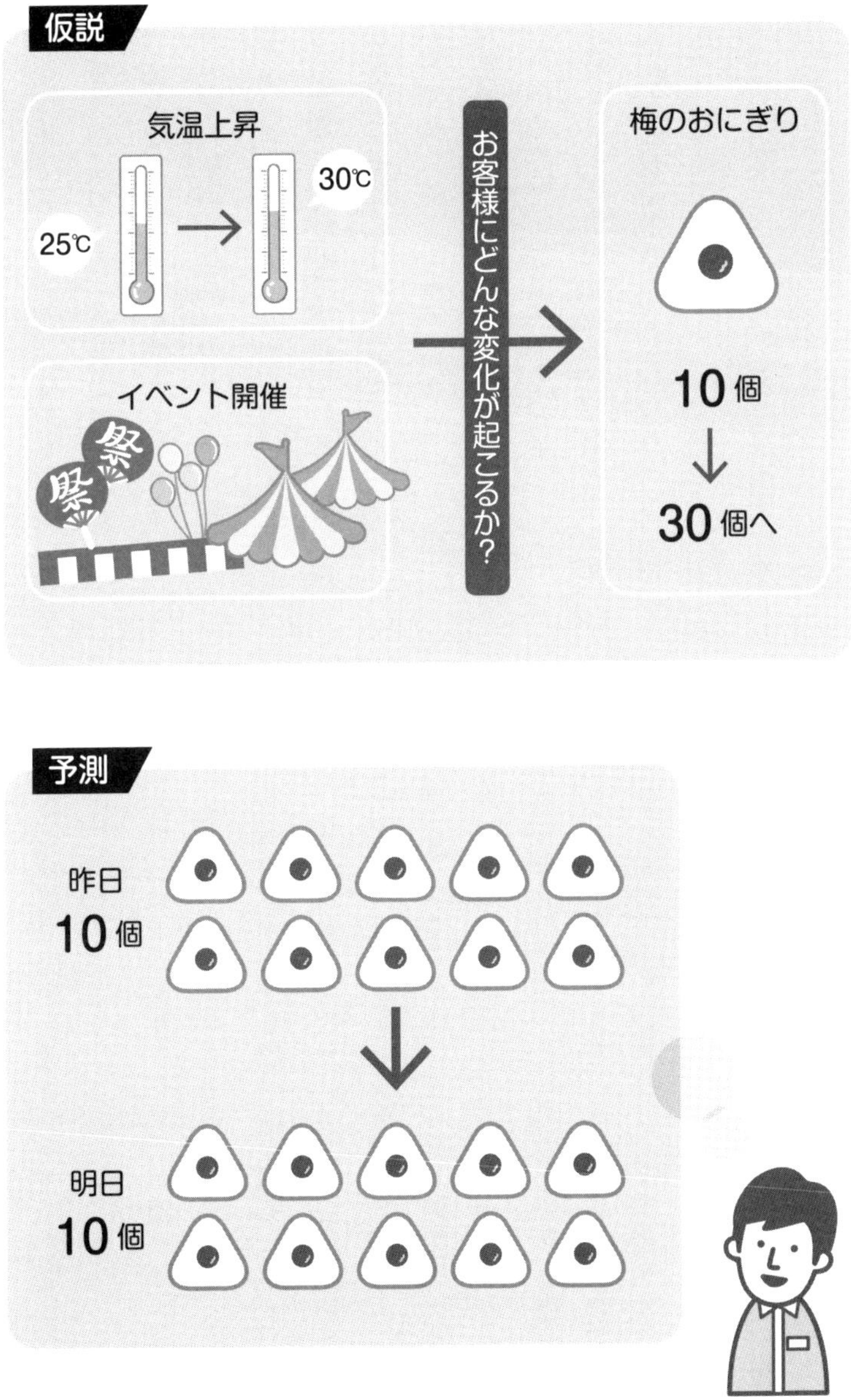
仮説
気温上昇
25℃
30℃
イベント開催
祭
祭
お客様にどんな変化が起こるか?
梅のおにぎり
10個
30個へ
予測
昨日
10個
明日
10個

単品管理4　商品の考え方

続いては「商品の考え方」です。3500のアイテムをすべて同じレベルで考えていくのは現実的ではありません。チェーンによって若干の考え方の違いはありますが、主に商品を5つに分けて考えています。

❶基本商品：客層の幅が広い商品（子どもからおじいちゃんまで買える商品）

❷売筋商品：自店や周りの地域で売れている、各分類の販売上位の商品（時季によって異なる）

❸品揃え商品：お客様に飽きられないよう、各分類で右の2つ以外のアイテムを品揃えし、日々入れ替えて対応していく商品（固定させないことがポイント）

❹新規商品：目新しさを売り場で演出し、来店の6割を占める常連のお客様を飽きさせず、プラス1品でも買っていただける商品

❺死筋商品：販売が下がったタイミングで品揃えをやめる商品（季節品など）

これらは明確に分かれるわけではなく、基本商品であって売筋商品（例えばおにぎりのツナマヨなど）であるものや、新規商品を品揃え商品とする場合もあります。

基本商品は、ロングセラーやすぐに頭に浮かぶような商品です。例えば、カップラーメンでは日清「カップヌードル」などがパッと思い浮かぶでしょう。極端にいえば、もし他にカップラーメンの商品が何もなかった場合でも、カップラーメンを買いに来た方に「これがあれば買ってもらえる」というものです。基本商品はどこのコンビニエンスストアに行ってもある、という安心感をお客様に持っていただくためにも非常に重要な商品となります。まず、基本商品と売筋商品の品揃えを優先させていきます。

次に、品揃え商品を入れ替えで発注していきますが、注意点は「売れても発注し続けない」ことです。お客様の飽きは非常に早いため、自店の環境を考えながら入れ替え続けていくことが重要です。

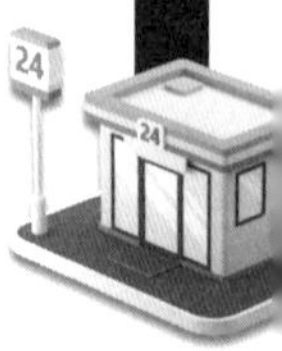

商品を5つに分けて考える

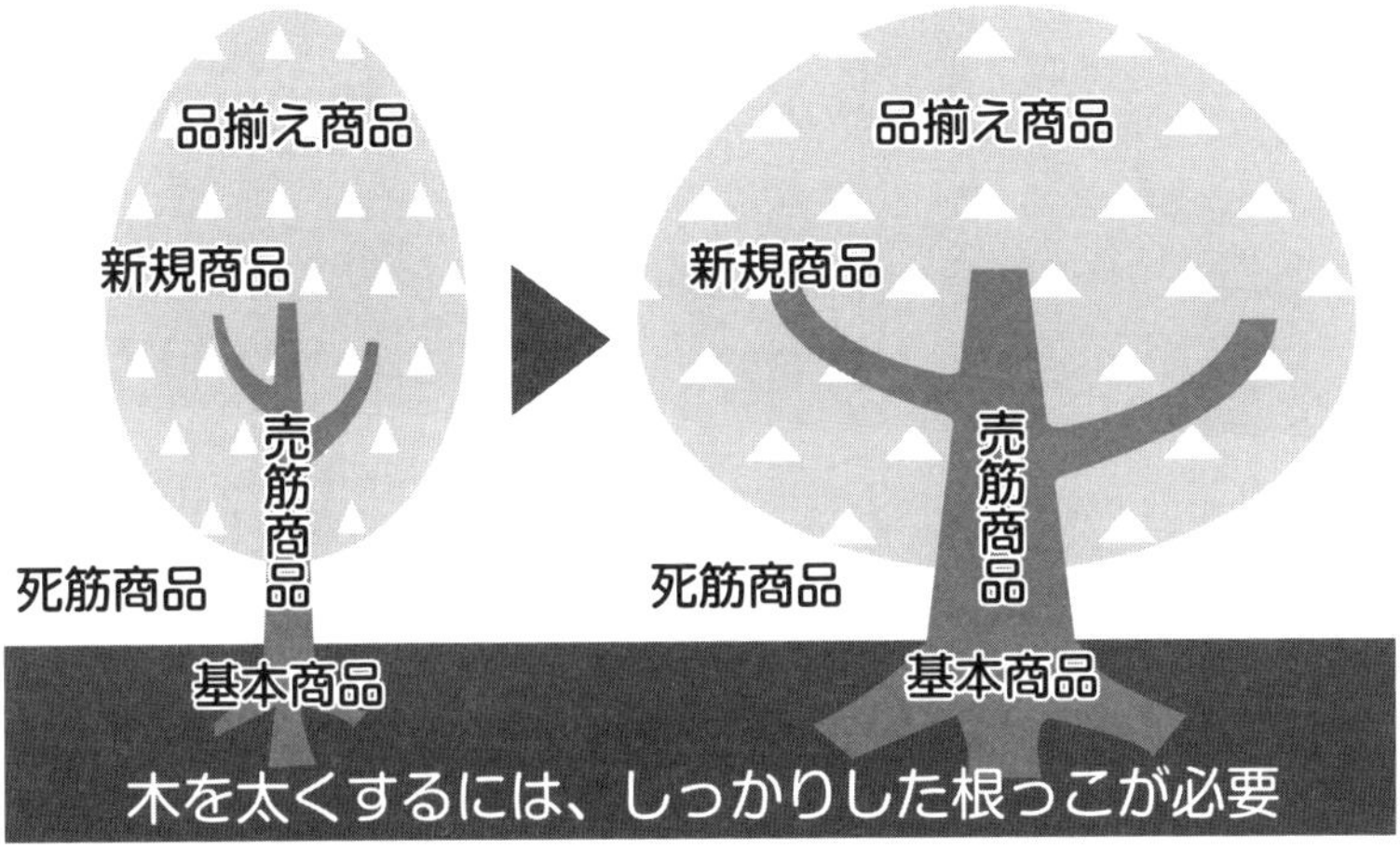

基本商品＆売筋商品

この商品は絶対に切らさない ▶ この商品がないと商売にならない

焼肉屋	すし屋	おにぎり屋	蕎麦屋
・カルビ ・タン塩	・まぐろ ・いくら ・えび	・しゃけ ・梅	・ざる蕎麦 ・天ぷら蕎麦

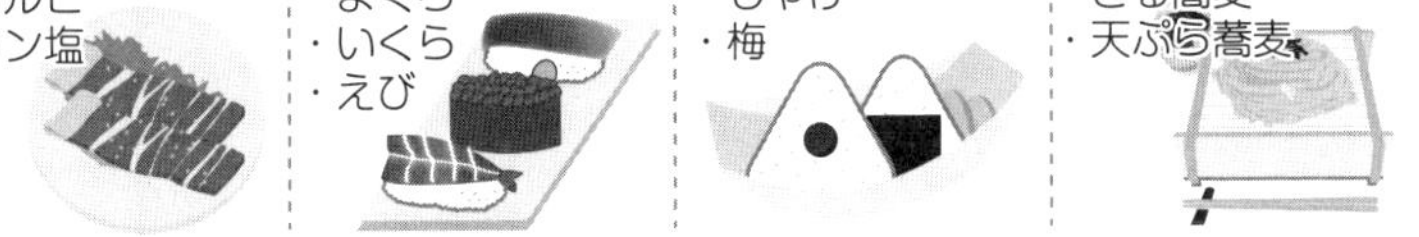

単品管理5　死筋《しにすじ》排除

商品の考え方では「品揃え商品」は入れ続けないことがポイントでした。また、商品には「死筋商品」と呼ばれるものもあるとご紹介しました。この項では、「死筋排除」についてみていきます。

単品管理では、「死筋排除」が非常に重要であり、欠かせない考え方です。簡単にいえば、「売れる商品、基本となる商品を優先し、あまり売れない商品や必要性の低い商品は売り場からなくす」ことです。コンビニエンスストアの狭い売り場をいかに効率よく品揃えするかという課題への解決策の一つとなりますが、死筋排除を行う利点はこれだけではありません。

◐悩む売り場＝買いづらい売り場？

特に中食と呼ばれるおにぎりやお弁当、揚げ物などは鮮度が短く、売れ残ってしまえば廃棄しなければなりません。一方で、お客様は欲しい商品がなければ購入せずに他のお店に行くこともあります。

また、多くの人は事前に「今日はこれ（商品）を食べよう」と決めて来店しているわけではありません。「何を買おうかじっくり考えてしまう売り場」は、実はただの「買いづらい売り場」なのです。

アメリカのコロンビア大学のある実験があります。高級食品店でジャムを6種類、もしくは24種類から選択を迫られた場合のお客さんの行動を、試食やクーポンを通して観察したところ、6種類を提示されたお客さんの30％が購入したのに対し、24種類提示された場合の購入はわずか3％だったそうです（シーナ・アイエンガー『選択の科学』文春文庫）。10倍もの差が出るのは、人間は選択を行うと脳が疲労し、その後の意思決定が困難になるからといわれています。

コンビニでは便利に使っていただくために、お客様が「深層心理の中で」求めるものが売り場できちんとお勧めできている、つまりお客様をわかっている売り場を、単品管理を通して実現しているのです。

カテゴリーごとの品揃えの考え方

中食

アイテム数の絞り込みの実施

削り込み (過度なアイテムカット) に注意

基本商品の育成でベースアップ

非食品など

売筋・新規商品のフェイスの拡大

基本商品（CVS の売筋≠市場の売筋）の品揃え

死筋排除の定期的な実施

地域ニーズに合わせた品揃え商品の幅を持つ

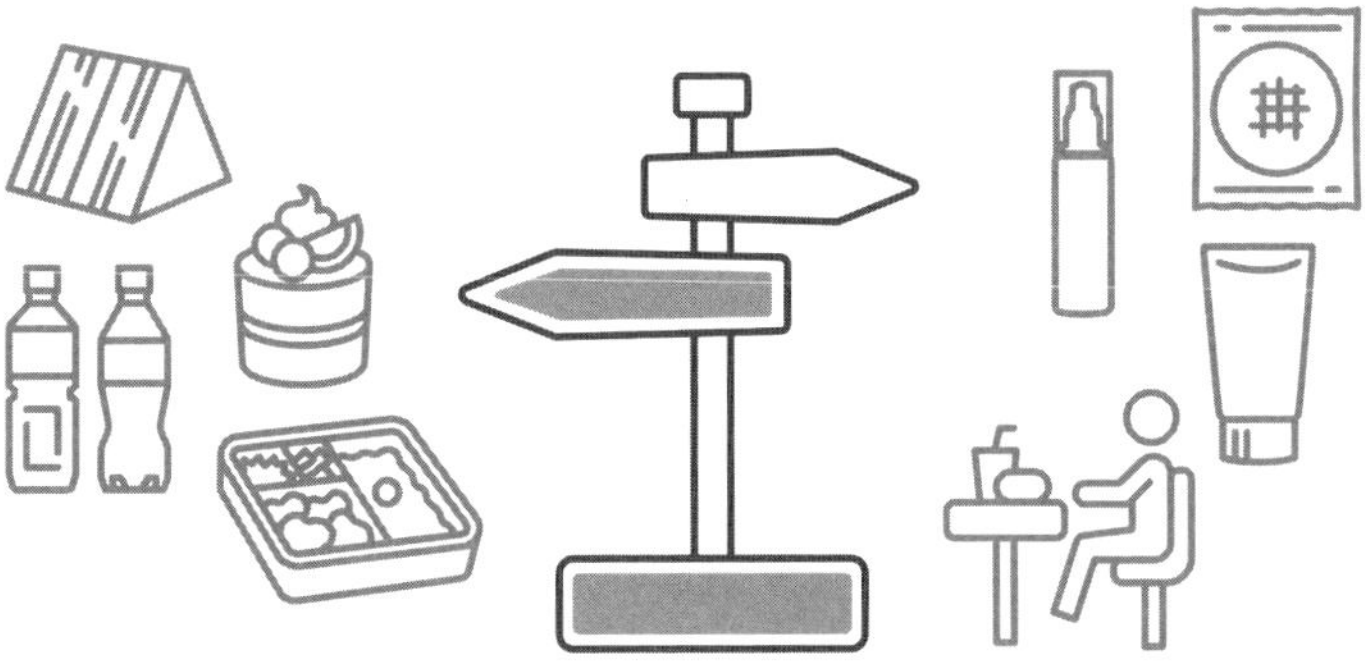

単品管理６　検証

単品管理の次のステップ「実施・実行」については、次章で詳しく解説しますので、ここでは最後の「検証」についてみていきましょう。

検証とは、結果を見て満足するものではなく、次の仮説を生み出す「情報収集」の1つです。

例えば、ある商品を10個仕入れて8個売れた、という結果が出たとしましょう。「8個も売れた」、あるいは「2個売れ残ってしまった」のどちらに捉えるかによって、検証の視点は変わってきます。

◑「2個売れ残ってしまった」と考える場合

・立てた仮説通りのお客様の来店の流れだったのか
・並べる場所は合っていたのか、お客様に気づいていただけたのか
・POPは気づいてもらえたのか、気づいてもらえた場合、買ってみたいと思うPOPだったのか

◑「8個も売れた」と考える場合

・本当に仮説を立てたターゲットが買っていたのか
・どんな時間帯に売れていたのか、一緒に買われていた商品は何か
・並べる場所が違えばもっと売れたのではないか

これらは仮説を立てていなければ検証できません。

また、売れ切れたからといって、検証が不要なわけでもありません。例えばセブン‐イレブン創業者の鈴木敏文氏は、「売り手の満足＝顧客の不満足」「問題意識を持って見ないデータは、データなどと呼ばせない」といい、検証の重要性を説きました（勝見明著『鈴木敏文の統計心理学』プレジデント社）。検証は最後のまとめとして非常に重要であり、きちんと検証を行うからこそ、コンビニエンスストアでは日々商品をお客様のニーズに合わせて揃えることができるのです。

1日に2500～3500の個数を販売するコンビニでは、この単品管理の流れを用いて日々マーチャンダイジングを行い、狭い売り場を最大の効率で運営しています。

検証の目的

① 内部情報分析（定量）からデータを収集すること

② 仮説の軸を増やすこと（より正確な発注へ）

③ 自店の得手不得手を知ること
「得手」は伸ばし、「不得手」は改善する

④ 発注担当者と共有すること

⑤ 発注担当者への教育のベースとすること

データを活用する
&
「本当にそうか？」と考える

↓

仮説を生み出す

6章

コンビニのマーケティング

本部と加盟店のマーケティングの違い

さて、この章ではコンビニエンスストアのマーケティングについてみていきましょう。

マーケティングにはさまざまな定義がありますが、全米マーケティング協会（ＡＭＡ）は２００７年に「顧客やクライアント、パートナー、さらには広く社会一般にとって価値あるオファリングス（提供物）を創造・伝達・提供・交換するための活動と、それにかかわる組織・機関、および一連のプロセス」と定義しています。少し難解、かつ広範囲にわたるので、ここでは「市場、顧客を獲得するために価値あることをどうやって知っていただくか」と考えます。ただし、この定義でも、実際にリアルな店舗を構えている小売業のお店と、全国に展開しているコンビニ本部やメーカーでは、アプローチの方法は大きく変わります。

◑本部のマーケティング

最大の目的は、そのチェーンのブランドや提供している価値を知ってもらい、お店に来店していただくことです。そして売上や店舗数のシェアを拡大し、市場での地位を築いていくことで、事業の継続を目指します。店舗があるエリア全体に知ってもらうことを目的としているため、必然的にテレビＣＭやＳＮＳ広告など、多くの人に届く媒体を選択することになり、高いコストを支払う必要があります。

◑お店のマーケティング

加盟店はお客様に来ていただくこと、そして購入していただくことを目的とします。本部と違って広範囲を対象とする必要はなく、チラシや看板などを使って比較的低コストでお店を知ってもらい、お店で買っていただけるような活動を行います。地域に根差すことが重要で、お客様一人ひとりに合わせたアプローチも非常に効果的です。こうしたお店のマーケティングをマイクロ・マーケティングと呼びます。

日本の環境がここ数十年大きく変化し、モノが売れなくなっているからこそ、非常に重要となっています。

本部と加盟店、それぞれのマーケティング

	本部	加盟店
マーケティングの種類	クラスター（集団）マーケティング	マイクロ・マーケティング
対象範囲	出店エリア全部をカバー	自店の商圏（リージョナル）
ターゲット	マジョリティ市場（特定の多数消費者）	マイノリティ（自己商圏の少数顧客）
ねらい	ブランドシェアの拡大	来店率と購買率の拡大
コスト	テレビCMなどのマス媒体が中心 ↓ 高いコストがかる	チラシ広告などの地域媒体 ↓ 低コストでできる

出典：鈴木豊『小売業の新戦略　マイクロマーケティング入門』（PHPビジネス新書）を筆者一部改

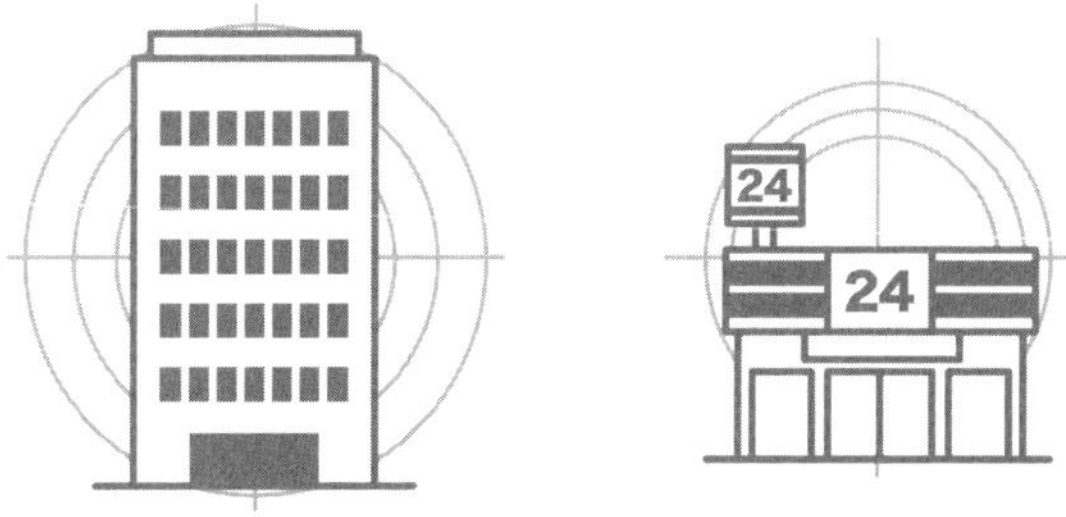

コンビニのマーケティング4P

マーケティングには、E・J・マッカーシーというアメリカの学者が提唱した4P理論というフレームワークがあります。マーケティングミックスとも呼ばれるもので、「市場、顧客の獲得に向けて価値あることを知っていただく」ために4つの視点で考える必要があるという理論です。これも本部と加盟店の違いと合わせてみていきましょう。

◑プロダクト（Product）

顧客のニーズに合わせてどんな商品を開発するか、または品揃えするかという視点です。マーチャンダイジングの章でも述べた通り、本部は商品開発やメーカーとの交渉、お店は品揃えと販売のサイクルを回すことが中心となります。

◑プロモーション（Promotion）

自社、自店のターゲットに対してブランドや商品、サービスを知ってもらい、利用していただくように誘う活動をいいます。前項で説明したように、本部は広範囲に大規模な、そしてお店は地域や商圏に対してアプローチしていきます。このプロモーションでは口コミやSNSが大きな効果を生むといわれます。また、お店を起点とした地域へのプロモーションを「リージョナルプロモーション」といいます。

◑プライス（Price）

ターゲットにいくらで商品・サービスを提供するかの視点です。コンビニでは来店動機を作るために、カフェよりも安価なコンビニコーヒーを提供することや、前章で述べたタイムコンビニエンスという価値をつけた価格、さらには本部推奨売価の活用などが特徴です。

◑プレイス（Place）

ターゲット顧客に対してどのような流通経路で届けるかを指します。メーカーであれば卸売業者を経由するのか、または直販で売るのか、そしてどんな業態で販売するかですが、小売店ではどこに、どのように出店するかの戦略です。

本部の4Pと加盟店の4P

	本部	加盟店
プロダクト 製造/開発 **Product**	**プロダクトプランニング** （商品推奨計画） 計画的、継続的な 商品の開発	**マーチャンダイジング** （品揃え政策） 品揃えと販売のサイクル
プロモーション 認知拡大 **Promotion**	**マスプロモーション** （大規模広域型広告宣伝） テレビCMや雑誌、 SNSなどを使った マス媒体への展開	**リージョナル プロモーション** （店舗起点の狭域型 購買促進） 自店の地域、商圏に 限定した活動を実施
プライス 価格 **Price**	**スタンダードプライス** （全国標準価格） 全国で対応できる 買いやすい 推奨の価格設定	**エブリデイフェア プライス** （地域基準の公正価格） 一部の店舗仕入商品で 地域に対応する価格を設定
プレイス 場所 **Place**	**ドミナント** （高密度集中出店戦略） 地域の一番立地への出店によるシェアの確保	

出典：鈴木豊『小売業の新戦略　マイクロマーケティング入門』（PHPビジネス新書）を筆者一部改

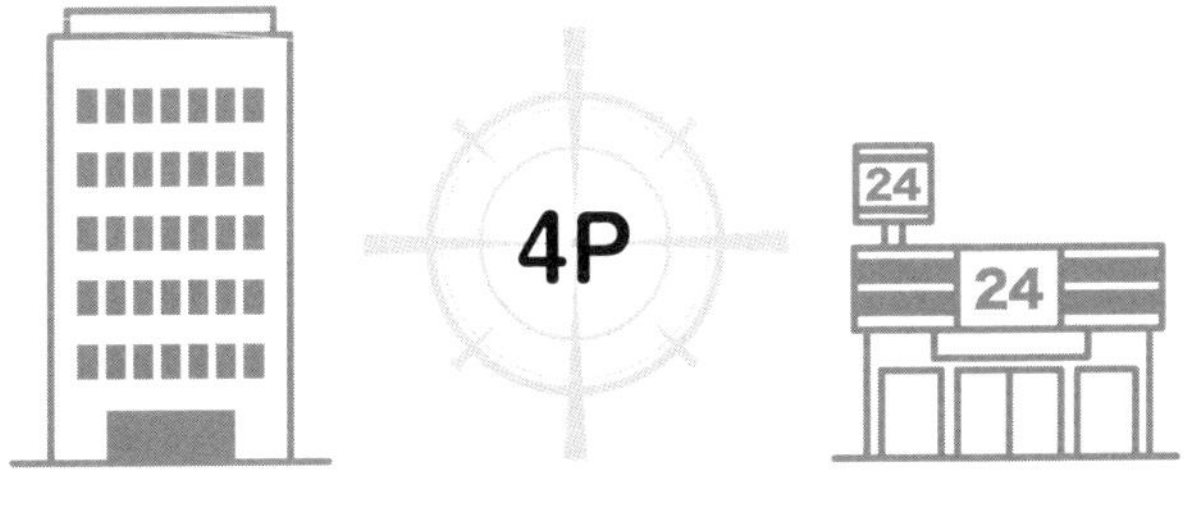

コンビニのリージョナルプロモーション

ひと昔前の小売業は、誰でもいいから商品をお渡しし、代わりに代金をもらうことで完結していました。しかしながら、現在ではさまざまな業態が発展し、モノを買う場所が数多くあることから、このような商売の方法では価格競争になり、利益が取れずに経営が厳しくなっていきます。そこで、前項の４Ｐの考え方も踏まえて、商売のあり方を変えていく必要があります。

具体的には、再度来店していただくために、チェーン、お店独自のコンセプトを設計し、特定のターゲットを見据えて品揃えしたり、商品価値を伝えてニーズを生み出したりして、お客様の満足度を向上する取り組みが必要です。

満足度を測るにはアンケート調査が有効ですが、前述した売上構造分析の項目である来店客数や来店頻度、買上点数をみるのも１つの手段となります。

来店頻度なら、電子マネーやアプリの利用回数から、週や月に何回来店しているのかを確認できます。近年ではＧＰＳの位置情報を活用し、どのエリアから来店しているのかを把握できるマーケティングツール（電子マネーやアプリの利用情報のみで個人情報はわからないようになっている）も開発されており、満足度を測る１つの指標となっています。

買上点数は、左記の計算式で考えることができます。「立寄率」とは、売り場の棚（コンビニエンスストアではゴンドラと呼ぶ）の前に立ち、そのゴンドラを見ることをいいます。「注目率」は、そのゴンドラの商品の中で、価格や比較購買（ＮＢとＰＢの比較陳列）、さらには関連した商品が並んでいるかなど、どれだけ注目してもらえるかです。そして「買上率」はみやすさ（フェイス数や高さ）、商品価値が伝わるかなど、実際に手に取ってもらえるかどうかです。

これらを上げていくために、３Ｐ戦略（４Ｐとは別もの）に取り組んでいきます。詳しくは次頁からみていきましょう。

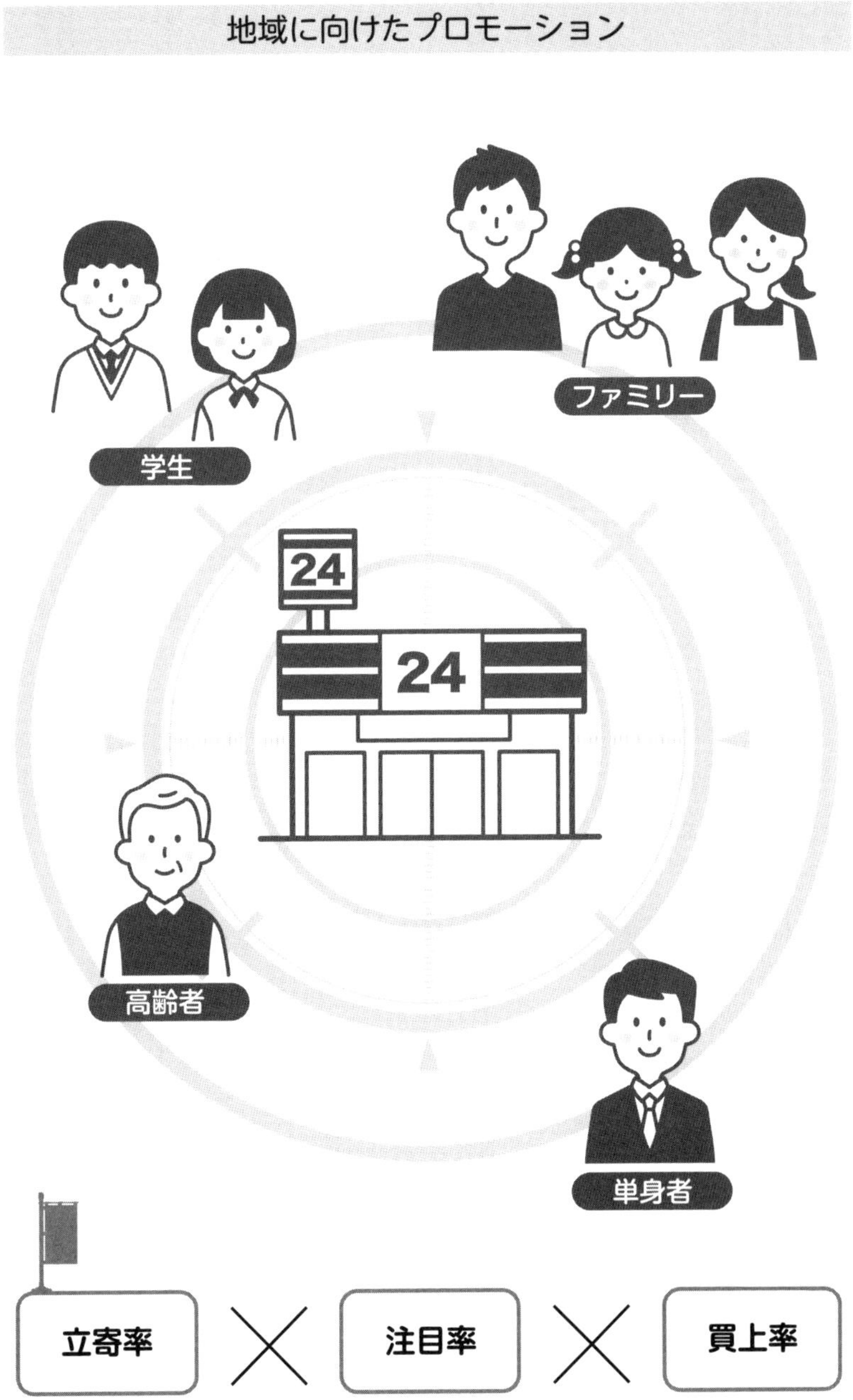
地域に向けたプロモーション
学生
ファミリー
24
24
高齢者
単身者
立寄率
×
注目率
×
買上率

Push戦略

ここからは3P戦略について、コンビニエンスストアでの事例をみていきます。

お店や売り場を起点として、限定されたエリアへ情報を発信し、特定の顧客に対して来店を促進、または購入に誘うリージョナルプロモーションの具体的な手法です。

3P戦略とは、①店内で価値を伝えて売り込むPush戦略、②来店を促進してお客様を呼び込むPull戦略、③お客様に自然と手に取っていただくしくみを作るPut戦略の頭文字の3つのPを取ったものです。

まずは①Push戦略からみていきましょう。

Push戦略とはその名の通り、お客様にお勧めして買っていただく戦略ですが、従業員が直接行う場合と、本部の販売施策として行う場合があります。

◑従業員が直接行う場合

レジ（カウンター）で精算するときに、揚げ物などを勧められたことはないでしょうか？　これを推奨販売といい、お店としてお客様に価値があると思う商品をお勧めします。近年は感染症の影響であまり行われていませんが、試食などもこれに含まれます。店舗によっては季節のイベント（夏祭りやクリスマス、開店○周年など）を行う場合もあります。

◑間接的に行う場合

たまに実施されるセールやポイントキャンペーン、アプリで貯めるスタンプなどがこれにあたります。

コンビニでは個々のお店がこれらの施策を行うことは珍しく、基本的には本部が広告を使って広範囲に告知します。お店側は、該当商品の品揃えや従業員の対応教育、そしてPOPなどでアピールしてキャンペーンを認知してもらいます。

セールやキャンペーンの打ち出し方や費用負担（値下げ分などをお店が負担するのか、本部が負担するのか）は、チェーンによって大きく異なります。

3P戦略

Push戦略	売り込む	販売促進策 インストア プロモーション
Pull戦略	呼び込む	来店促進策 アトラクティブ プロモーション
Put戦略	取らせる	購買促進策 インストア マーチャンダイジング

Push戦略の種類

- 販売促進策（Push戦略）売り込む
  - 人的販売活動
    - 推奨販売 ― 声掛けによるお勧め
    - デモンストレーション販売 ― 試食・試飲
    - カウンセリング販売 ― 御用聞き
    - 顧客サービス ― 無料での配送
    - 催事イベント
      - 季節イベント ― 夏祭り、オープン記念
      - 社会的・国民的イベント ― クリスマス
      - ローカルイベント ― 商店街のイベント
      - キャンペーン ― 新商品の発売・サービス開始
  - 非人的販売活動
    - プレミアム
      - ポイント
      - ノベルティ
      - 景品
      - インストアクーポン
      - （以上）の提供
    - FSP ― 累計的特典の提供
    - 値引き・値下げ
    - 特売
      - 季節による商品切替のセール
      - 日替わりサービス
    - サンプル提供 ― セルフでのサンプル

出典：日本商工会議所・全国商工会連合会編『販売士ハンドブック（基礎編）下巻』を筆者一部改

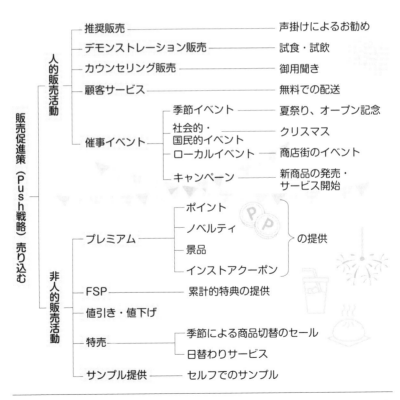

Pull 戦略

次に、お客様を外から呼び込むPull戦略についてみていきましょう。こちらも本部とお店の役割分担があります。

◑本部の役割

来店を促すために、お店のバックアップをします。パブリシティ（報道）につながるよう、「環境によいこんな取り組みをしていますよ」「新しい商品・サービスを展開しますよ」といったプレスリリースやプレス向けイベントを行ったり、パブリックリレーションズ（PR）でメディアにとりあげられやすい情報をSNSで発信したりします。これによってブランドイメージの構築、そのチェーンと関わるすべての人との長期的な関係性の構築を目指します。また、セールやCP、新商品のテレビCM、最近ではSNS広告を有料で行うことにより、広く知ってもらうことが目的です。

◑お店の役割

お店の商圏内の人、またはお店の近くを通る人に寄っていただけるよう、直接的にアピールします。新聞の折り込みチラシやポスティングなどがこれにあたります。

「〇〇m先　セブン-イレブン」などの大きな看板は野立て看板といい、お店の場所を知らせ、立ち寄っていただく可能性を高めるのに有効なツールです。お店の周りに設置されているのぼりも、78ページで述べた通り、Pull戦略では重要な役割を担います。例えば交通量の多い道路に面しているお店では、のぼりに目を引かれて来店するお客様は珍しくありません。のぼりに描かれた新商品がきちんとお店で展開されていることで、お客様の満足度を高め、次の来店にもつながっていきます。

近年では独自のHPやSNSを運用する加盟店も増えており、お客様にお店をどう知っていただくかは重要課題となっています。

Pull戦略の種類

- 来店促進策（Pull戦略）呼び込む
  - 広告
    - マスメディア（テレビCM・ラジオ・雑誌）
    - インターネット・SNS
    - 野立て看板
    - ダイレクトメール
    - チラシ（新聞折り込み）
  - パブリックリレーションズ・パブリシティ
    - プレスリリース
  - ポスティング
    - 顧客とのコミュニケーション活動
  - ロコミ
    - 戸別訪問・配布

出典：日本商工会議所・全国商工会連合会編『販売士ハンドブック（基礎編）下巻』を筆者一部改

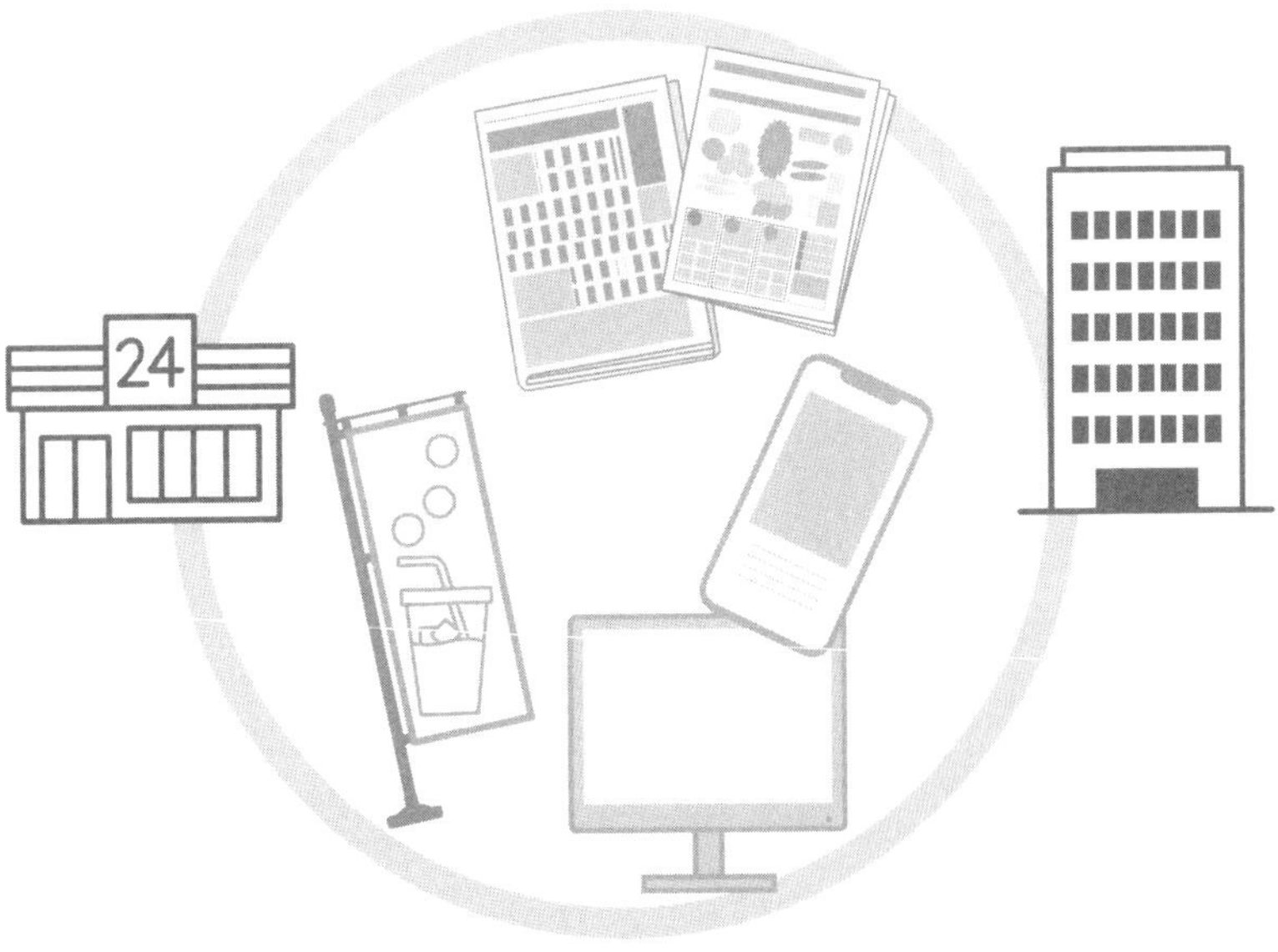

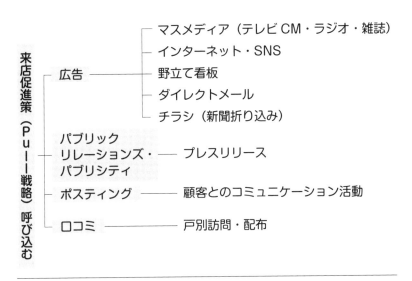

Put 戦略

最後は、「いかに商品を手に取っていただくか」を考えるPut戦略です。お客様にとって買いやすく満足できる売り場にしつつ、買上点数を上げるために必要な戦略となります。買上点数を決める要素は、「立寄率」「注目率」「買上率」でした。これらを高める工夫が、コンビニエンスストアの小さな売り場に隠されています。

◑立寄率

売り場においてそれぞれの棚（ゴンドラ）の前に立ち、そのゴンドラを見ることをいいます。ポスターや、上から吊り下げる大きめのＰＯＰで注目を集めて、ゴンドラに立ち寄ってもらいます。

また、立地に応じたニーズを集めて展開することで関連購入を誘うとともに、買いやすい売り場を実現します。例えばお酒とおつまみ、洗剤などの日用品と調味料、冷凍食品と中食《なかしょく》のお惣菜などです。セブン‐イレブンではある地域で魚肉ソーセージが調理して食べられているということを知り、それまでおつまみコーナーで陳列していたのをお総菜の前に移動したところ、売上が3倍以上に伸びたという事例もあります。

◑注目率

見やすさ、価格の訴求性、ＮＢとＰＢの比較陳列などによって、ゴンドラの中でその商品にどれだけ注目してもらえるかをいいます。

単品管理の「死筋排除」で挙げた通り、売れない商品を排除することで、売れる商品を目立たせることも重要です。また、「パン売り場でカラフルなドーナツが出た際に注目率が上がり、多くの販売につながった」など、視覚的な演出も注目率を上げる一手です。

◑買上率

商品価値が伝わり、実際に手に取ってもらえるかどうかです。ＳＮＳでの流行やテレビＣＭなどの影響もありますが、お店では、ＰＯＰによってこの商品がお客様にどんなよい影響を与えるかを伝えていきます。

Put戦略の種類

- 購買促進策（Put戦略）取らせる
  - フロアマネジメント
    - フロアゾーニング（回遊性の確保）
      - 顧客導線
      - マグネット商材の配置
    - フロアレイアウト（立寄率の向上）
      - ポスター類の活用
      - 関連陳列
  - シェルフマネジメント
    - ディスプレイ（見やすさ・取りやすさ）
      - 大量陳列
      - POPの活用
    - 陳列の工夫（選びやすさ・買いやすさ）
      - 棚割り
      - フェイス取り
  - ビジュアルマネジメント
    - ビジュアルマーチャンダイジング（視認性の確保）
    - 色彩・装飾・照明による演出（注目率の向上）

出典：日本商工会議所・全国商工会連合会編
『販売士ハンドブック（基礎編）下巻』
を筆者一部改

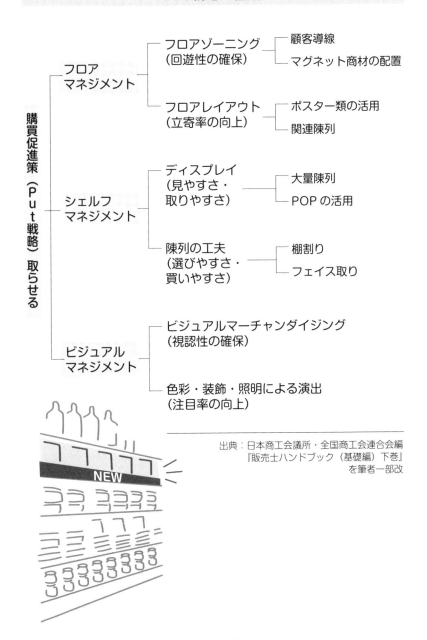

コンビニのCRM

前項までの3P戦略は、地域、または来店されるお客様へ向けてのマーケティング手法でした。これは一人ひとりというよりも、限定されたターゲットに向けてのコンビニエンスストアからのアプローチです。

一方、CRMとはカスタマー・リレーションシップ・マネジメントの頭文字で、「顧客一人ひとりの情報の活用によって利便性を高め、長期間にわたって維持する」ことをいいます。お客様を顧客ならぬ「個客」として捉え、個々の満足度を追求するものです。

小売店ではこれまで「常連さん」と呼ばれるお客様との直接的なコミュニケーションが多くを占めていました。例えば、常連のお客様のタバコの銘柄を、注文を受ける前にそっと差し出すといったことにより、信頼関係を構築し、次の来店につなげていたのです。

このようなアナログの関係性構築は、従業員個人の記憶力に左右されるため、ばらつきがあることは否めません。また、CRMでは個客の情報を獲得し、管理する必要があるため、おせちやギフトなど予約商材の申し込み情報である「氏名」「年齢」「性別」「販売実績」などをリスト化していました。ただ、紙などで管理されていたため、情報の整理が煩雑で、実際に作成している店舗は非常に少なったというのが現実です。

一方、本部はこの情報管理をテクノロジーによってサポートするため、近年では各社がさまざまなサービスを展開しています。セブン-イレブンは電子マネーである「nanaco」や「セブンアプリ」、ファミリーマートは「ファミペイ」、ローソンは「ローソンアプリ」などです。本部はこれらの情報を分析し、商品開発などに活かしています。個人情報保護の観点から加盟店にはすべての情報は開示されませんが、お店の情報端末で購買履歴を確認することができる場合もあります。これを活用することで個客に売り場、品揃えを通して提案しています。

大衆向け販売からCRMへ

競合店の増加　｜　人口の減少　｜　広告コストの増加

・・・

既存顧客を生涯のパートナー（優良顧客：ロイヤルカスタマー）へ

LTV（Life Time Value：生涯顧客価値）

顧客が生涯を通じてお店へもたらす利益であり、優良顧客ほど高くなる

マーケティング

コンビニの 4P戦略	マーチャンダイジング・リージョナルプロモーション エブリディフェアプライス・ドミナント

（P.132・133参照）

↓　個客

CRM（カスタマー・リレーションシップ・マネジメント）

顧客一人ひとりの情報の活用によって利便性を高め、
長期間にわたって維持する

顧客情報の獲得＝顧客データベース（顧客リスト）

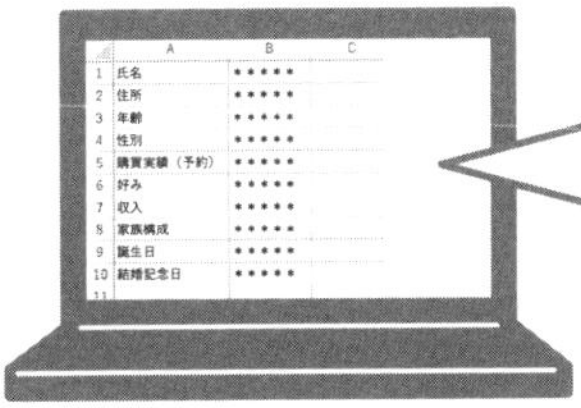

- 氏名
- 住所
- 年齢
- 性別
- 購買実績（予約）
- 好み
- 収入
- 家族構成
- 誕生日
- 結婚記念日

などをデータベース化し、
優良顧客化へつなげる

会員化とFSP

顧客情報をデータベース化して商品開発や品揃え、売り場に反映させるだけでは、CRMとしては十分ではありません。前項で挙げたアプリなどを通して会員化を進め、顧客維持を図る必要があります。

FSP（フリークエント・ショッパーズ・プログラム）とは、「多頻度で買い物する顧客を優遇し、自己の店舗につなぎとめるための顧客戦略プログラムで、顧客間に公平の意味で差をつける」ものです。1981年にアメリカン航空が始めたマイレージサービスが発祥で、「より多く利用している顧客ほど収益に貢献している」というパレートの法則を考慮し、貢献度に応じて優遇し、その結果として継続して使っていただけるしくみです。セールやポイントカードなどのようにすべての顧客に対して平等に提供するのではなく、利用度に応じて特典を用意するため、個客へのアプローチに有効なCRMの施策の一つです。

例えばセブンアプリでは「おにぎりを5個買うと1個無料クーポンがもらえる」などの特典をアプリ経由で配布するなど、購買履歴に応じたサービスを提供し始めています。今後はデータベースの高度なシステム化により、GPSの位置情報や店内での立寄り率とクーポン配布とを連動させることも考えられます。

このように、これまでのアナログであった個客への対応が、テクノロジーを活用することで、より精度の高いCRMが実現しつつあります。

広告コストの増加など、外部環境は変化しています。「1人の新規顧客を獲得するためのコストは既存顧客を満足させることの5倍はかかる。また、一度離れてしまった顧客と同じ程度の利益を新規顧客から引き出すためには16倍のコストがかかる」（『コトラーのマーケティング・マネジメント』17ページ）といわれる中で、既存顧客を生涯のパートナーとして捉え、LTV(Life Time Value：生涯顧客価値）を高めていくことがコンビニエンスストアにも求められています。

顧客との関係性構築

2：8の原則（パレートの法則）

上位２割の多頻度の来店顧客で、店舗全体の８割の利益をもたらす

上位２割の顧客を知り尽くし、
ひいきの顧客（優良顧客）を離さない

	FSP	セール・キャンペーン
ターゲット	特定の顧客（会員）	不特定多数の来店客
ねらい	良好な関係づくり	全体の売上の増加
考え方	顧客満足度の向上	販売促進の ひとつとしての手段
やり方	優良顧客ほど得を する特典（公平）	すべての顧客に対して 対応（平等）
顧客データベース	購入日時、購入品目、購入金額 などの詳細データを活用	詳細なデータ所有の 必要はない

会員化から店舗の来店動機へ
▶買上単価の増加や来店頻度向上につなげる

商圏の考え方

次に、コンビニエンスストアの商圏についてみていきましょう。前述した4P理論の「プレイス」の考え方となります。

◑500m圏内・徒歩5分圏内を分析する

商圏とは「地域の消費者が買い物のために来店する地理的、時間的範囲」です。コンビニの商圏は「500m圏内」「徒歩5分圏内」とされています。

通常、この範囲に住んでいる、または働いている事業所がある人に対して、お店の存在価値を提供しています。お店の業績は周辺の環境によって大きく左右されるため、商圏をきちんと分析し、どのような戦略を取るかを考えていかなければなりません。

分析の手法は、統計による推定やアンケート調査、通行人の計測などさまざまありますが、新規に出店する土地を探す際に本部は商圏分析において、100以上の調査項目を確認して、可能性を判断するといわれています。

◑一次・二次・三次商圏への施策

一方、開店した後は、第一次商圏から第三次商圏までを設定し、それぞれの商圏ごとに目的を明確にして施策を考えていきます。範囲の設定は距離、来店までの時間、売上などによって決め方はさまざまですが、「500m圏内」はおおむね一次商圏として考えられており、この商圏で売上の60～70%を占めるといわれます。それぞれの商圏に対する施策例として、次のものが挙げられます。

一次商圏：訪問によるコミュニケーションやポスティング
二次商圏：新聞折り込みなどによる認知度獲得
三次商圏：野立て看板などによる店舗の認知

コンビニの商圏は狭いエリアなので、「新しいマンションが建つ」「新しく道路が開通する」などの変化が起こると、業績に大きな影響を与えます。このため、常に商圏を確認することが重要です。

商圏とは

**お客様が来店する可能性がある
地理的、または時間的なエリア**

商圏は環境に左右され、常に変化している

	地理的範囲	時間的範囲	対象
CVS	500m 圏内	徒歩 5 分圏内	居住または職場の範囲
SMS	1km	徒歩 10 分圏内	
商業集積	5 ～ 10km	交通機関利用	集客力の及ぶ範囲
都市	20 ～ 50km	交通機関利用	誘引力の及ぶ範囲

それぞれ第 1 次商圏から第 3 次商圏までを設定し、商圏ごとに戦略を取る

商圏分析の手法

範囲の測定と設定	対象	方法
統計による推定	商圏の人口や労働人口など	公共の統計資料、統計モデル
アンケート調査	来店客や通行人など	店内や街頭でのアンケート
カード利用実績	来店客の分析	電子マネーの利用データ分析
地図による推定	地形や道路などの動線	電子地図や商圏地図での動線分析
行動による推定	実際の所要時間や道路事情	車や徒歩での調査

MRの3つの視点

マーケティングリサーチ

マーケティングリサーチ（ＭＲ）は、小売業を取り巻くさまざまな環境の現状や変化について情報収集し、その情報を分析、加工、解釈して、経営に役立てる手法です。平たくいえば、「現状がどうなっているかを捉えて今後を予測し、対応策を考えていくこと」です。

ＭＲには「市場と需要」「販売効率」「環境」の３つの視点があり、本部側と加盟店側でそれぞれが実施しています。

◑市場と需要

本部：全国、あるいはエリアに分けて各商品カテゴリーの需要量や購買動機の分析などを行います。

お店：日々の販売動向や来店する客層、前項の商圏などを含めて分析を行います。

◑販売効率

本部：商品ごとに売れているモノ、売れていないモノを分析し、お店に推奨する商品を選定します。また、広告やアプリの購買率などを測定、さらには商流のコストなどの広い観点で情報を収集、活用していきます。

お店：個店での売筋や死筋の商品の確認、売り場のレイアウト効率などを確認し、商品の品揃えや棚の変更を行います。

◑環境

本部：世の中のトレンドを把握し、景気や国の政策などを加味しながら分析、経営アドバイスに活かしています。

お店：商圏分析であった環境変化を、品揃えを含む店舗運営に活用していきます。

このように、ＭＲは店舗の経営に役立てるために欠かせない手法であり、より効率的な運営を実現するために、本部と加盟店が協力して実施することが必要不可欠です。近年ではＧＰＳの情報などさまざまデータを加盟店が確認できるよう、各社がビッグデータの活用に乗り出しており、ＡＩの活用も含めて今後もこの流れが加速していくと考えられます。

マーケティングリサーチの３つの視点

- マーケティングリサーチ（市場調査）
  - 市場と需要
    - 需要量：カテゴリーごとの需要量を測定
    - 消費者：来店顧客層の属性を分析
    - 購買行動：自店での購買動機や購買行動
  - 販売効率
    - 商品：売れ筋・死筋商品分析
    - 広告：広告による購買率の測定
    - 売り場面積：比率・期間・コストの分析
  - 環境
    - 競争：マーケティングミックス（４Ｐ分析）
    - 景気：外部環境の変化
    - 環境：国の政策や規制などの分析

日本商工会議所・全国商工会連合会編
『販売士ハンドブック（基礎編）④マーケティング』
を筆者一部改

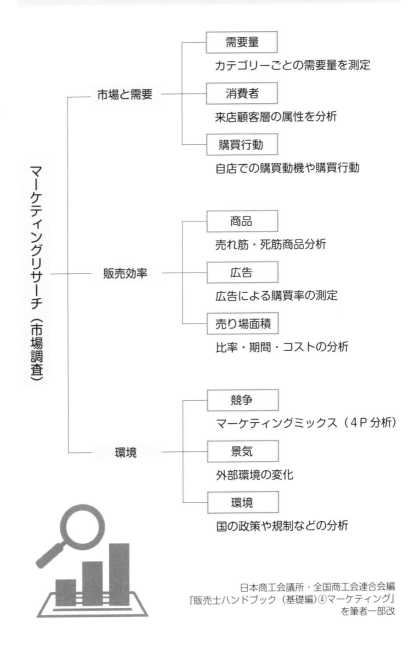

コンビニの競合とは

1章でも述べた通り、コンビニエンスストアは寡占化し、大手3社（セブン-イレブン・ファミリーマート・ローソン）のシェアが拡大しています。「競合」というと、この3社間での競争と捉えられがちですが、そうではありません。近年ではスーパーマーケットやドラッグストアなどの24時間営業も増えており、業態間での競争はシェア・オブ・ストマック（胃袋のシェア争い）ともいわれ、より厳しくなっています。

◑コンビニの競合の例

お店の視点での競合の考え方は、「ある消費者がモノを買おうと思ったときに頭に浮かんだ選択肢のお店」です。例えば、今日の夕食を買おうと思ったときにファミリーマートとイオンスーパーが頭に浮かんだのであれば、それは競合しているといえます。この考え方でいけば、次の例はすべてコンビニの競合です。

・お昼を買おうと思ったときの吉野家などの牛丼チェーン
・ハンバーガーを食べたいと思ったときのマクドナルドなどのファストフード
・コーヒーを飲みたいと思ったときのスターバックスなどのカフェチェーン
・雑貨を買おうと思ったときのダイソーやセリアなどの100円ショップ
・飲み物を買おうと思ったときの自動販売機

など、コンビニは実に多くの業態と競争しています。これらすべてを1つの場所で買える、ワンストップショッピングが可能な点がコンビニの強みといえます。

ただし、「競争相手は常に『お客様の変化』であり、競合を見て本質を見失ってはいけないから」という理由で、競合店調査をしないチェーンもあります。コンビニの店舗運営では、競合の動向は把握しながらも、お客様が「求めているコト」は何かを追求していくことが重要となります。

コンビニの競合はコンビニだけではない

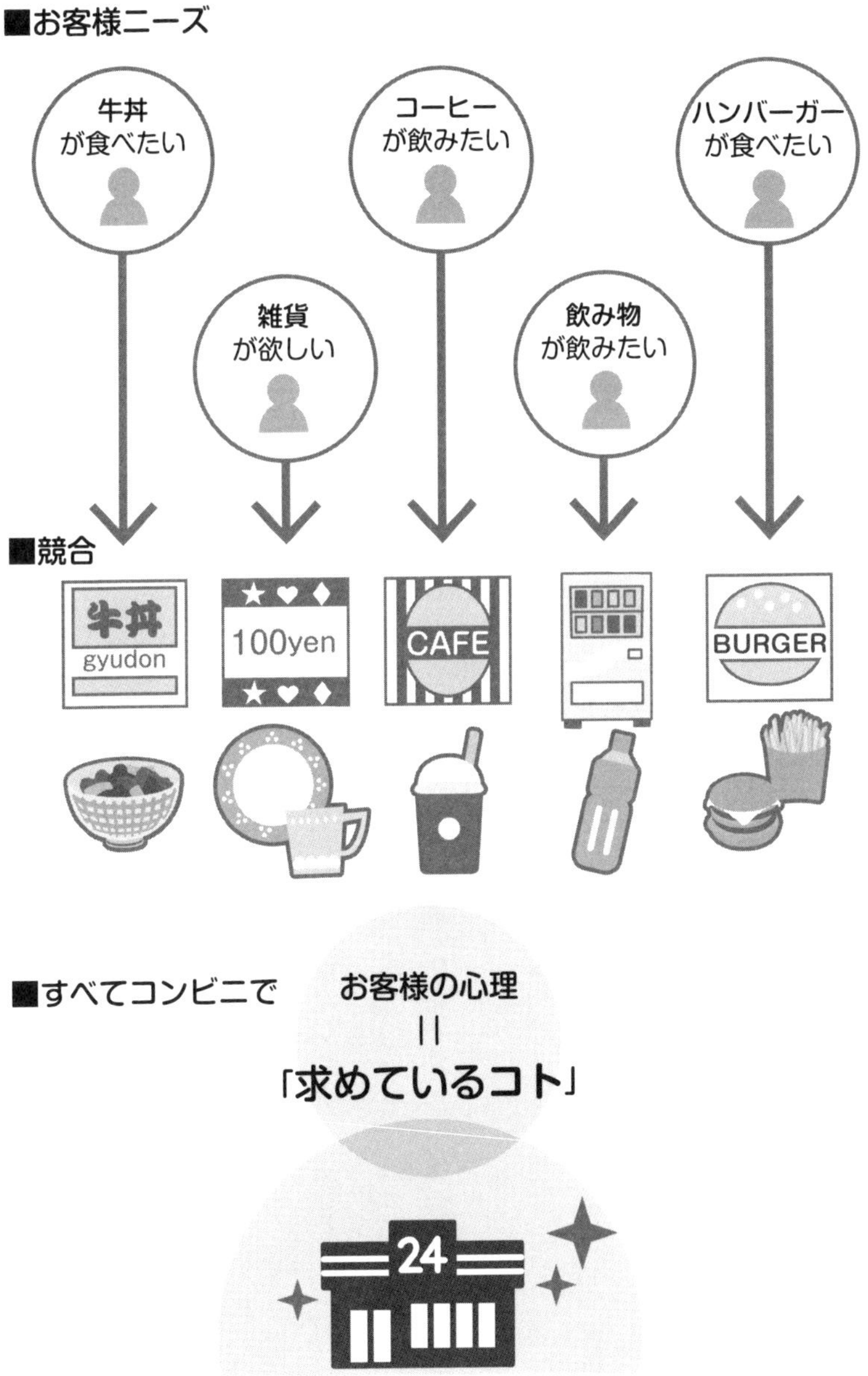

コンビニの出店の考え方

ドミナント戦略

大手3社と呼ばれるチェーンの出店に対する考え方には、それぞれ特色があります。1号店出店してから約20年、1997年に全国47都道府県に出店を広げたローソン。吸収合併を繰り返し、店舗数を拡大していったファミリーマート。M&Aではなくほとんどを自社のチェーンで出店し、ドミナント戦略と呼ばれる狭いエリアで大量出店をしてシェアを確保しながら出店エリアを拡大、全47都道府県への出店に約45年をかけたセブン-イレブン。ここでは国内シェアトップのセブン-イレブンのドミナント戦略を中心にみていきます。

◑ドミナント戦略（高密度多店舗出店）

ドミナント戦略とは「特定の地域に焦点を合わせて計画的、継続的に集中出店していく出店戦略」です。

1962年に1号店を出店し、今や世界一の小売業であるウォルマートは、人口1万人以下のエリアを中心に出店を進めていきました。1960年代後半、出店が加速するにあたり、物流センターの周辺へ出店していく、当時は珍しいドミナント戦略を採用しています。

メリットは、①物流配送コストを抑えることにより、粗利益を確保し、商品の品質を保ちながら価格を抑えられること、②狭いエリアに多くの看板を掲げることが広告効果を生み、認知度が向上すること、③本部のSVが店舗を訪問する頻度が高まり、本部と加盟店の意思疎通が図れること、などが挙げられます。一方、デメリットには、同じ看板でのお客様や従業員の奪い合いが考えられます。

◑店舗のS&B（スクラップ&ビルド）

マーケティングリサーチや商圏の項で述べた分析を活用し、店舗の立地を移転する場合もあります。新たな建物や道路、人の流れなどの環境変化に対して、お客様が一番来店しやすい場所に店舗を作り直します。100m先に店舗が移動した、というケースには、このような背景があるのです。

ドミナント戦略の特徴

特定の地域に焦点を合わせて計画的、継続的に集中出店していく出店戦略

特徴	効果	対象
物流配送コスト低減	粗利益が確保できる	物流＋お店＋本部
専用工場で数量が見込める	高い品質にこだわった商品開発	取引工場＋お客様
認知度の向上	大きな広告効果が見込める	お店＋本部
SV の店舗訪問の効率確保	カウンセリング時間の確保	お店＋本部
来店頻度の向上	お客様にとっての安心感	お客様＋お店
地域に根差す戦略	商品や価格戦略が立てやすい	本部＋お店

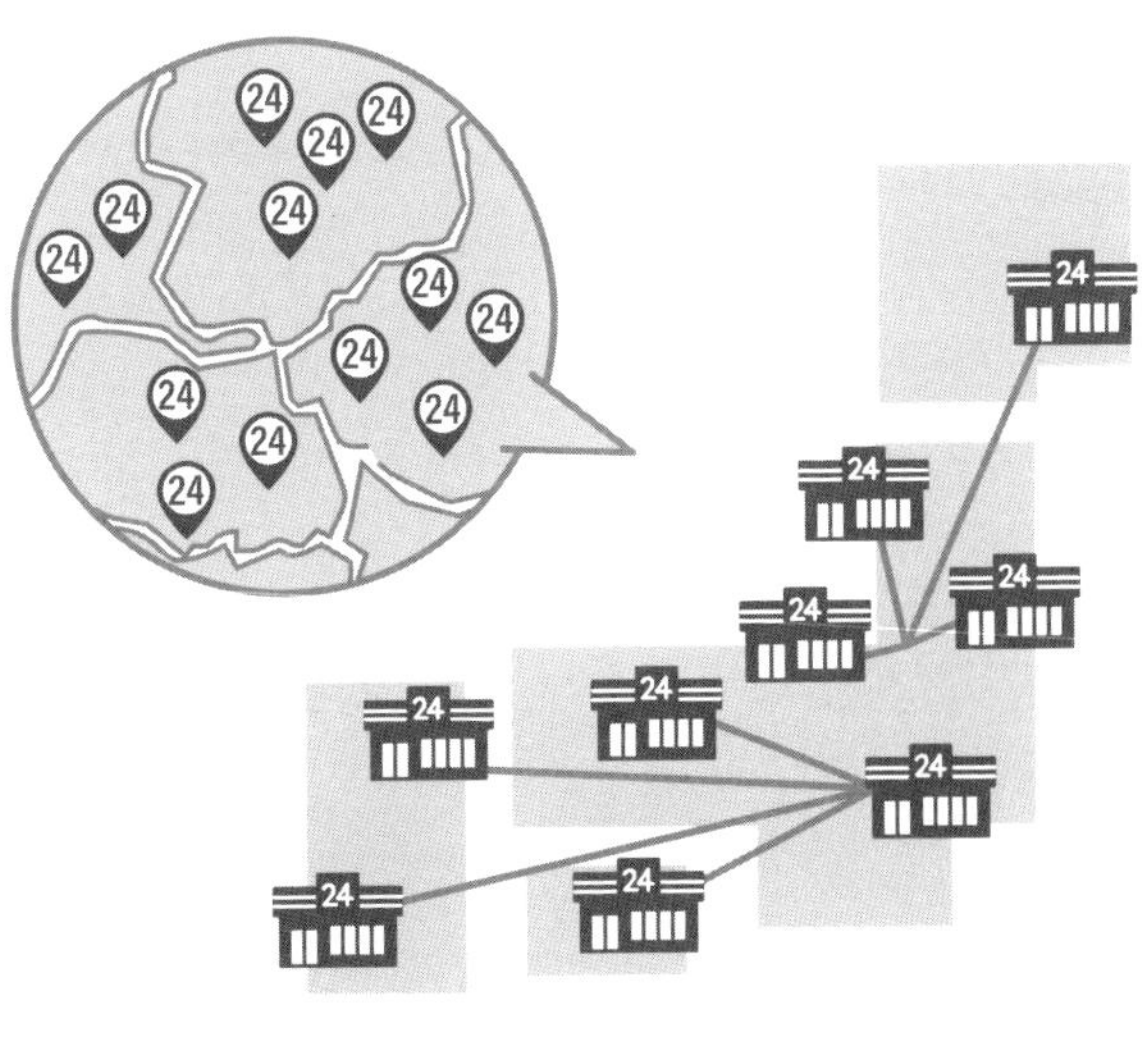

7章

コンビニのオペレーション

商売の基本的な骨格

この章のテーマ「コンビニのオペレーション」について考える前に、リアル店舗の商売がどのような流れで構築されているのかを、まずみていきます。

左の図のように、商売は売り手側から見て、①仕入れる、②並べる、③売るの3つのシーンに大きく分かれます。

①仕入れる

マーチャンダイジングの章でも述べましたが、お店に置く商品の選定から始まります。まず、どこから仕入れるのか（仕入先の選定）や、どんな商品を品揃えするのか（商品選定）を考えなければいけません。そして価格を決める、代金を支払う、配送してもらう手配などが必要となります。

販売免許が必要であれば、事前に申請、許可を得なければなりません。

②並べる

商品を売る土地、建物はもちろんのこと、販売設備や什器などハードの部分を準備し、お客様に見ていただき、手に取ってもらえるように陳列すること、さらには安全で品質のよい商品を維持するための状態の管理をいいます。

③売る

お客様に買っていただくための環境整備です。価格やPOPをつける、清潔な状態を維持する、販売するシステムを用意する、そして配達が必要であればお届けする、またはこれを手配する、などです。

これらの商売の流れの中で、左の図のように本部と加盟店で役割を分担し、それぞれが役割を最大限に実行することで、効率的な小規模店舗の運営を実現し、事業の継続、そしてお店のオーナーや従業員の生活が成り立ちます。

この章では特に、②並べる、③売るについてみていきましょう。

コンビニの商売の流れと本部・加盟店それぞれの役割

	本部	加盟店
仕入れて	仕入先選定 商品選定 売価設定 原価交渉 仕入代金 運搬行為	仕入先選定 商品選定 量の決定 販売免許
並べて	店舗敷地 店舗建物 販売什器 設備手配	店舗敷地 店舗建物 陳列技術 温度管理 鮮度管理 人の手配
売る	広告宣伝 販売システム 商品知識	広告宣伝 価格表示 清潔感保持 仕込み行為 商品知識 配達サービス 人の手配

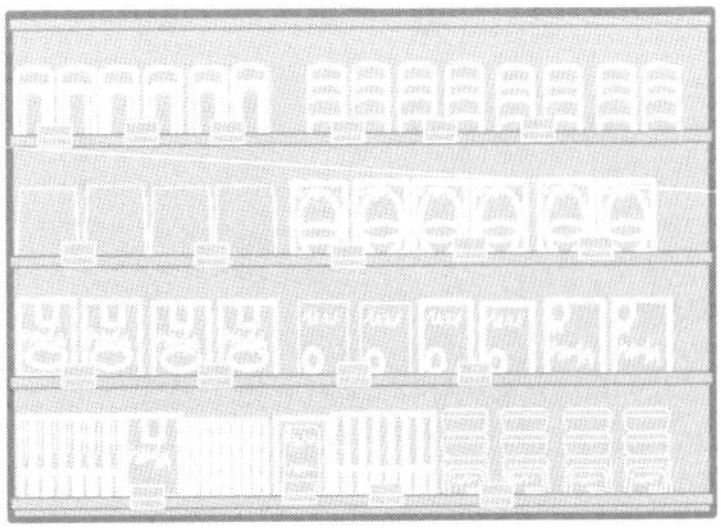

配送のしくみの変化

店舗のオペレーションについて考えるにあたり、まずは物流のしくみについてみていきましょう。物流には、大きく分けて4つの基本的な機能があります。

◑①調達物流

仕入先、または物流センターから店舗への配送業務のことをいいます。一般的な物流のイメージは、基本的には調達物流を指します。

◑②販売物流

店舗からお客様へお届けする、いわゆる配達のことです。コンビニエンスストアでは、従来は来店による買い物を想定していたため、多くは発生していませんでしたが、ECの普及により今後は拡大する可能性があります。2023年に本格的にスタートしたセブン−イレブンの「7NOW」や、ローソンのUberEatsでの配達はこれにあたります。

◑③社内間移動物流

店舗間や物流センター同士の移動の物流です。大きな拠点を持ち、そこから各地の物流センターに商品や材料を動かします。

◑④返品物流

店舗または物流センターから仕入先への移動です。基本的にはあまり発生しませんが、調達物流が長距離になる場合は帰りの荷台が空になるケースがあり、今後は空の荷台を返品物流に活用することも見込まれます。

コンビニでは特に調達物流の改革に力を入れてきました。1970年代、コンビニ創成期には1日70台ものトラックが店舗に配送に来ていました。なぜなら、コンビニが取り扱う商品は多岐にわたり、取引先が多数あることによって、それぞれが指定の卸売業者から運んでいたからです。これを、メーカーから「共同配送センター」に商品を納品してもらい、そこから店舗へ納品するしくみへと構築し直しました。今では各チェーンとも1日10台以下の配送となっています。

物流の4つの基本機能

調達物流	仕入先または物流センター→店舗へ	仕入れ、納品
販売物流	店舗からお客様へ	配達、お届け
社内間移動物流	店間移動、または物流センターへ	移動処理
返品物流	店舗または物流センター→仕入先へ	返品、返送

コンビニ創成期・現在それぞれの配送網

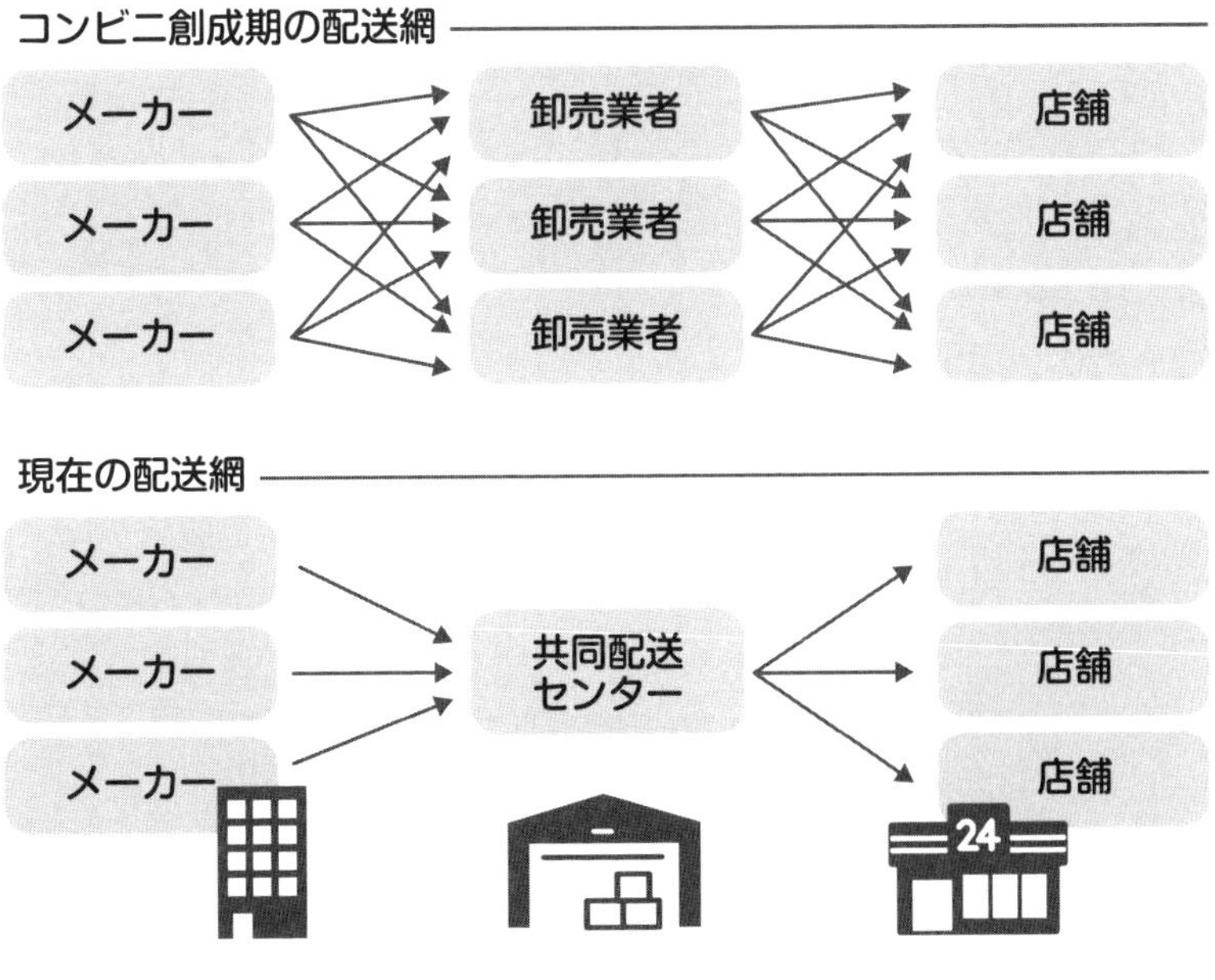

発注サイクルとリードタイム

コンビニエンスストアで売れる商品は、さまざまな要因によって日々、変化します。マーチャンダイジングの章でも述べた通り、この目まぐるしく変わるニーズに対し、仮説を立てて商品を揃えています。こうした動きに対応するため、コンビニの物流には2つの特徴があります。

◑①多頻度小口配送

少量の納品を多くの回数で実施することをいいます。狭い店舗の中で効率よく商品を回すには、大きな個数（ロットの数量）では在庫保管スペースや陳列の棚が埋まってしまい、お客様のニーズに対応できません。そのため、雑貨などは1個から納品できるようなしくみもあります。店舗側は多品種多品目を、少量の発注単位で品揃えを行い、本部は共同配送センターでこれに対応してもらうよう手配します。

◑②ジャスト・イン・タイム物流

必要な商品を必要なときに、必要な量だけ必要な場所に納品することをいいます。ジャスト・イン・タイムを実現するには、発注サイクル（発注から次の発注までの時間）と、発注リードタイム（発注から納品までの時間）をいかに短くできるかが重要です。

デイリー商品と呼ばれるおにぎりやサラダなどは1日2～3回納品されるため、発注サイクルは8～12時間、ソフトドリンクなどは24時間、お菓子や加工食品などは48時間と非常に短く、発注リードタイムはそれぞれ12～18時間程度と短時間での配送を可能とするシステムを構築しています。

これらの特徴を構築するには、当然コストがかかり、その費用は商品原価に含まれます。近年では物流コストの上昇も問題となっており、商品価格の上昇を抑えるためにも、ローソンでは配送ルートをAIによって毎日組み替えて効率的な配送を行うテストを、セブン－イレブンの一部エリアでは午前中の配送を深夜帯に移行するなどの実験を行っています。

発注サイクル・発注リードタイムと欠品の関係

発注サイクル	：発注から次の発注までの時間
発注リードタイム	：発注から納品までの時間

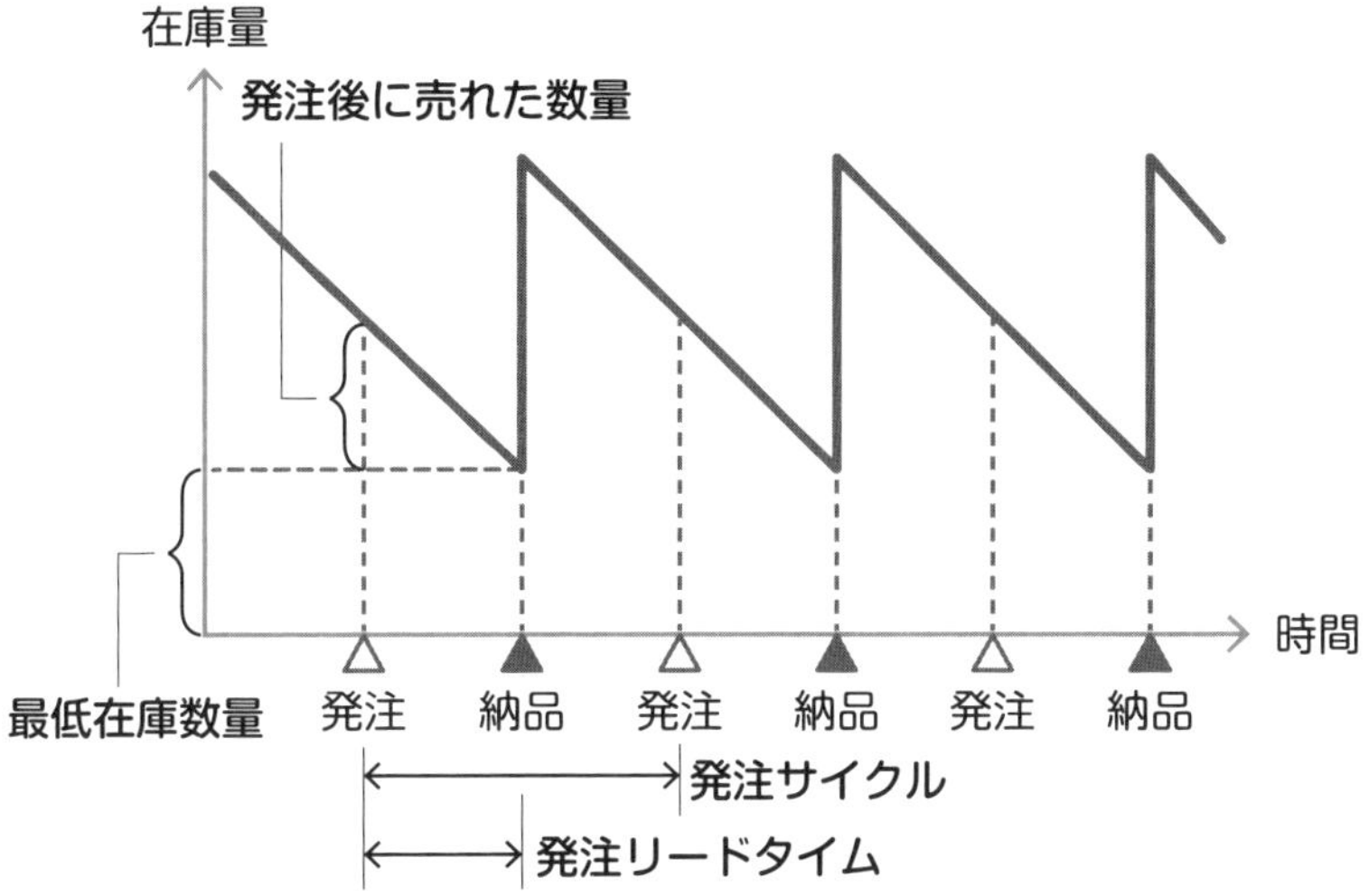

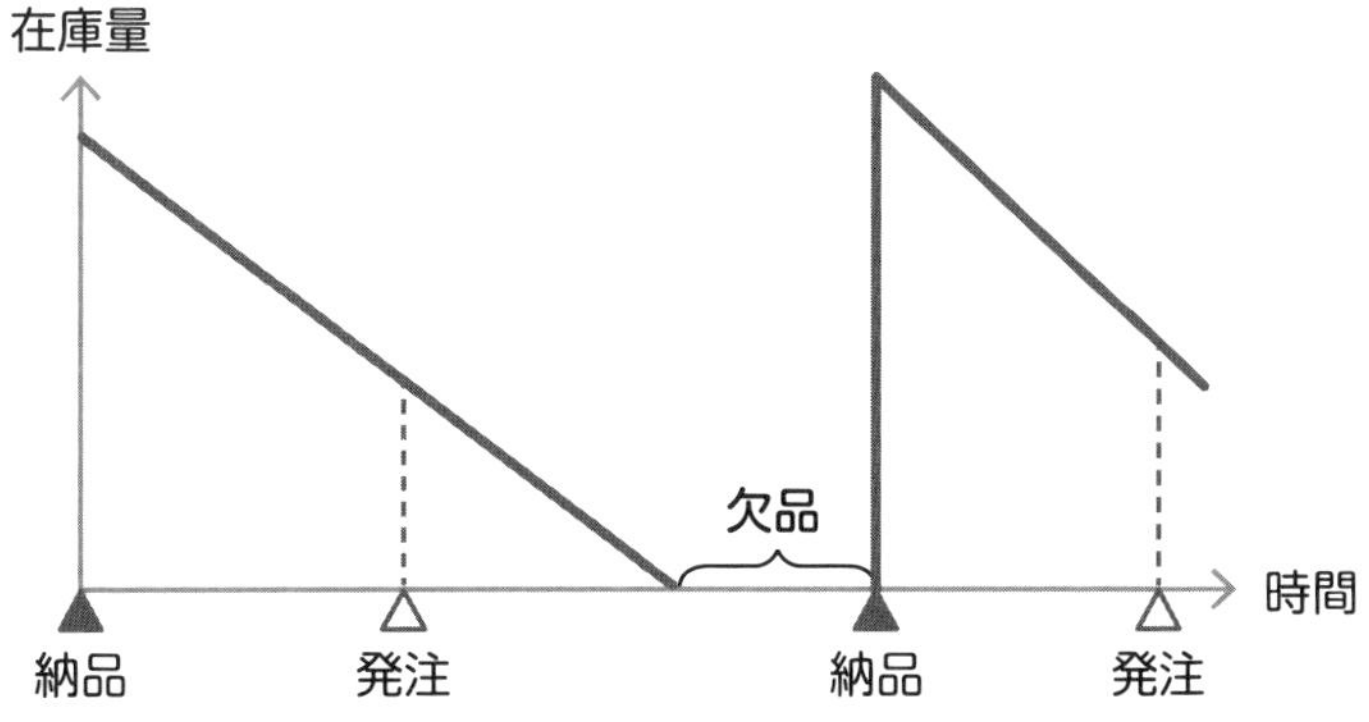

日本商工会議所・全国商工連合会編
『販売士ハンドブック（基礎編）上巻』参照

発注サイクルやリードタイムを長くすると欠品が起こりやすい

コンビニの出店の仕方、建物の構造

①仕入れる、②並べる、③売る、の「並べる」の土台となる、店舗の敷地・建物についてみていきましょう。

出店にあたっては、その土地で来店客数が確保できるかどうかが大きな判断基準となります。

これには土地柄を分析し、さまざまな定量的な調査を行うことで期待値を測ります。人口はもとより、男女別、年齢別の人口構成、世帯数や所得水準、競合店の数や店舗前面、または近隣の通行量調査などのデータが必要です。

また、顔向き（近隣の住民や通勤者がどちらに向かって動くことが多いのか）は非常に重要な要素で、店舗の認知度向上までの時間・コストを大きく左右します。これらの調査項目は１００以上もあるといわれ、ある弁当チェーンは、あえてコンビニの近くに出店することで、市場調査のコストを最小限に抑える戦略をとっているといわれています。

出店先には、住宅立地・街道立地・行楽立地・駅前立地・事業所立地の５つの分類があり、複合的な要素を含む立地も珍しくありません。それぞれに特徴がありますが、駐車場が大きくなるほど、売上が上がる確率は高まります。

また、車で来店するお客様を多く想定する場合、手前から店舗または看板が見やすい、交差点の手前よりも先、前面道路に中央分離帯がない、さらには速度があまり上げられない道である、切り下げ（車の進入路）が広いことなどが好立地の条件となります。

店舗の建物は、大きな建物の中に入る場合を除くと、おおよそ50～60坪（売り場面積40～50坪）が標準的なサイズとなります。お客様は買い物がしやすく、オペレーションの効率（人件費や作業のしやすさ）を考えて最適な利益率を確保できる大きさです。また、面積を標準化することで、店舗の建築時のコストを抑制し、スピードを持って出店することを可能にしています。

住宅立地・街道立地・駅前立地・事業所立地のイメージ

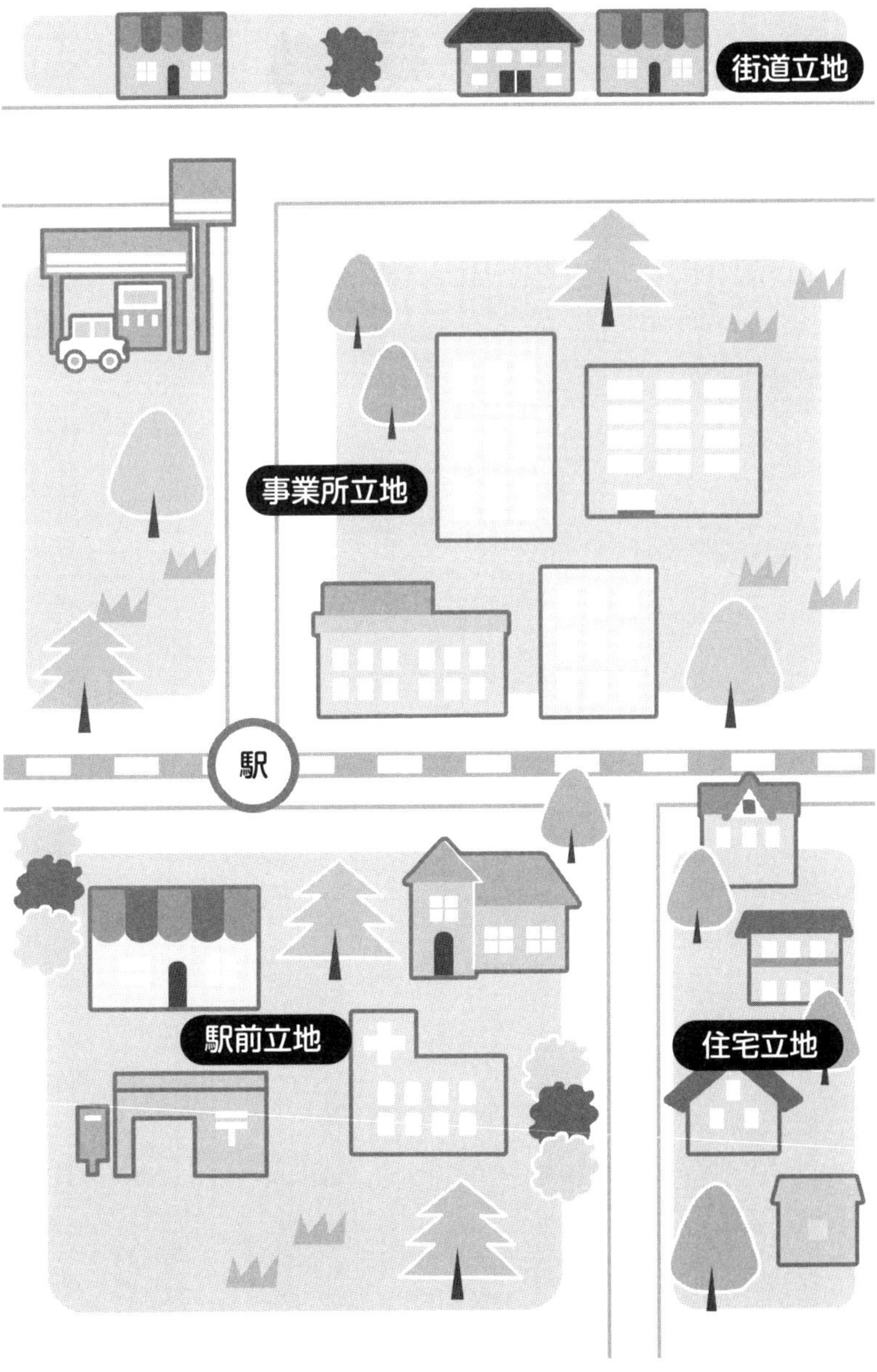

コンビニの店舗イメージ

店舗は、店舗の外側、店舗の中の売り場、そしてバックヤードと3つに分けることができ、それぞれに役割があります。

まず、店舗の外側が持つ役割である、①店舗の認知拡大と、②お客様の誘引機能についてみていきます。

◑①店舗の認知拡大

店舗を正面から見たときの外観をファサードといいます。コンビニエンスストアの場合、チェーンの違いはあれど、ほとんどが一目見て「コンビニ」とわかるようになっています。デザインや素材による統一されたイメージにより、「入りやすさ」「安心感」をお客様に感じてもらえるようにしているのです。

上部の看板はファサードサインと呼ばれ、各チェーンそれぞれがイメージカラーを配置することで、ブランドの認知拡大につなげています。セブン‐イレブンのオレンジ・緑・赤や、ファミリーマートの緑・白・青は「色彩のみからなる商標」として登録されており、イメージを守ることにも積極的に取り組んでいます。

他にポール看板やスタンド看板などを遠くからでも店舗の存在を認知してもらえるよう設置し、ウインドウマーキング（シール）でファサードイメージをコントロールしています。

また、以前はサンプルディスプレイと呼ばれる、雑誌の表紙が店外から見えるような棚がありましたが、管理の煩雑さなどから現在は多くが撤去されています。

◑②お客様の誘引

お客様にお店に入っていただくための機能であり、駐車場や店舗前のスペースが該当します。駐車場の白線引き（駐車スペースを明確にする線）は、出店する際に本部とオーナーで協議して決めますが、停めやすいよう配慮することで、お客様に「来店しやすいお店」と認識していただくことができます。また、マーケティングの項で述べた「のぼり」や案内看板なども、お客様を誘引する機能のひとつです。

店舗の外側・売り場・バックヤードの役割

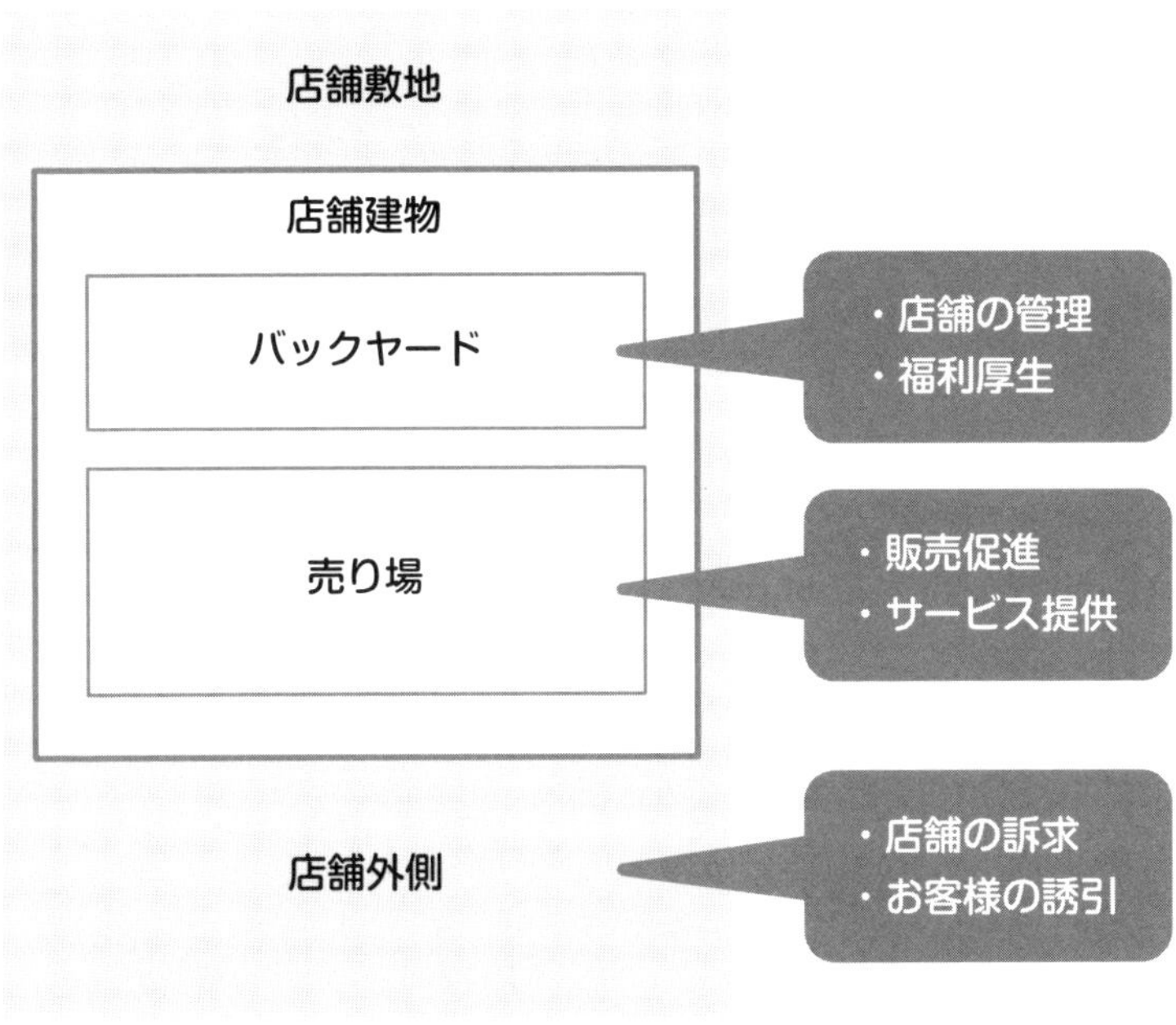

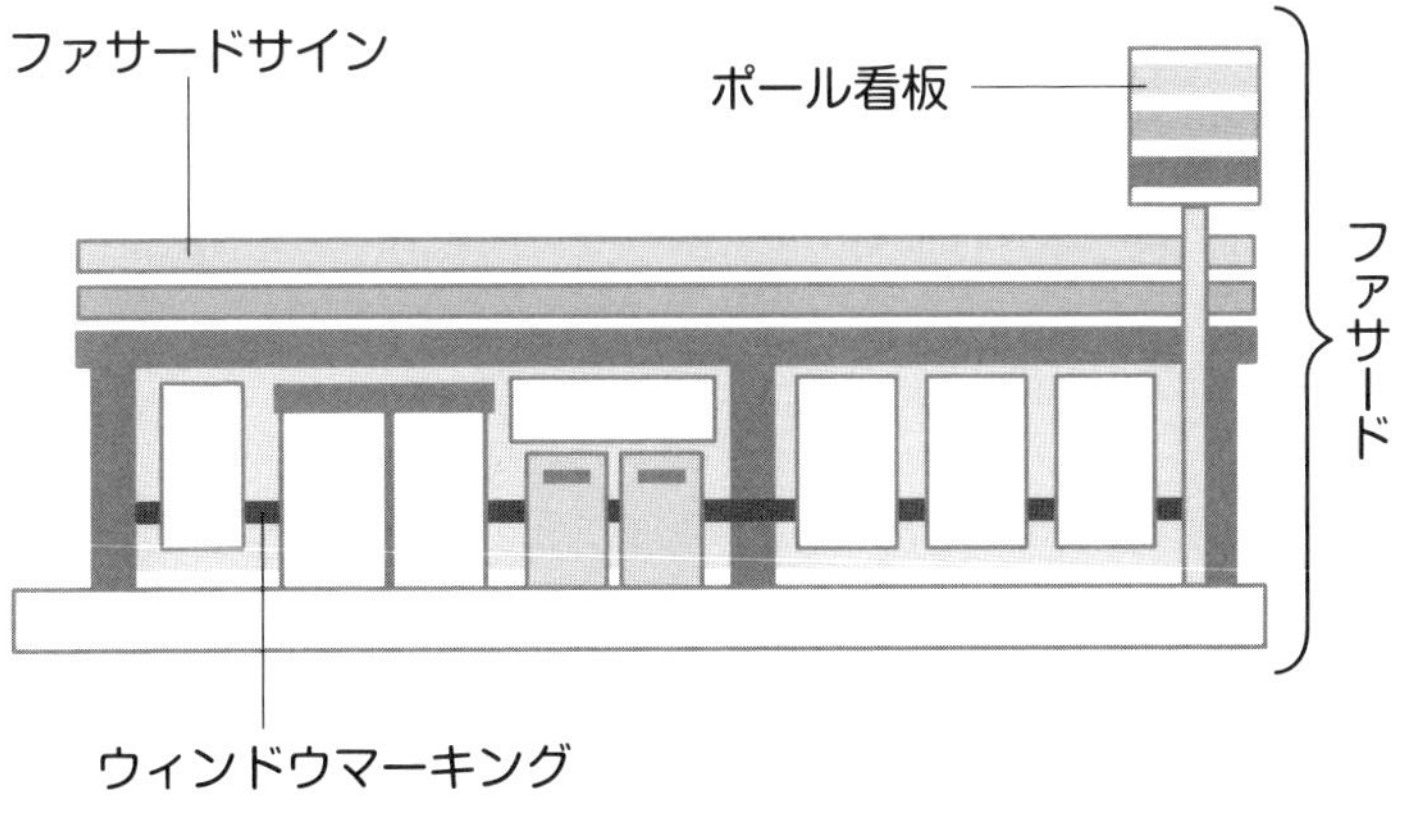

コンビニの照明

ここから、売り場について考えていきます。まず、照明にどんな工夫があるのかをみていきましょう。

照明は、お店や売り場のコンセプトを表現する重要な設備です。建物や床、什器、内装のデザインの調和を図り、お客様が買いやすい雰囲気を作る役割を持っています。

コンビニエンスストアは他のお店よりも明るい、と感じる人が多いかもしれません。これは、人の「明るいところに引き寄せられる」という習性を考え、店舗正面（ファサード）から見えるガラスに平行に照明を配置しているためです。これにより外に届く光の量を最大化し、明るく見せているのです。入り口側以外の照明は、ほとんどのお店が通路に沿って天井の照明を配置しており、商品の棚に光が行き届くようになっています。通路に沿わせることで、床に反射して商品が明るく見えるよう工夫されていて、床の清掃はただきれいに見せるだけでなく、照明の光量コントロール（反射率）にも影響を与えています。

これらは全般照明（ベース照明）といって、店舗全体の照明をコントロールするものですが、特定の場所を照らす重点照明（アクセント照明）も工夫されています。例えば、ソフトドリンクやお酒が冷えているケースにはそれぞれの扉の内側に照明がついています。また、お弁当やサラダ、惣菜が並ぶケースにも上部に照明があり、商品をより明るく見せています。レジ周りの揚げ物が並ぶケースにも照明が設置されていますが、こちらは商品がおいしく見えるように、少し暖色系のライトが使われています。

このように、照明にはさまざまな工夫が凝らされていますが、近年では省エネにも力を入れています。２０１０年前後から各チェーンがＬＥＤ照明を導入、さらにセブン‐イレブンでは店舗で使う電力すべてを自然エネルギーで賄うために、太陽光パネルの設置（８８２３店／２０２３年2月末時点）を進めています。

コンビニのファサードと店内

セルフ販売方式

お店の中心的な役割を担うのは、当然、売り場です。売り場には、①販売促進と②サービス提供の2つの機能があり、店舗の敷地や建物がハードウェアだとすれば、売り場はソフトウェアの役割を果たします。

1章でも述べたように、Retail1.0の時代は「対面販売方式」と呼ばれる、接客によってお客様のニーズに最も適した商品を提案する「推奨販売」が主流でした。販売員がお客様と向かい合って接客し、専門的できめ細かいアドバイスが受けられる形態であり、今でも百貨店や高級品を扱う専門店はこの方式です。

一方、Retail2.0以降の時代から「セルフサービス販売方式」となり、購買頻度が高い商品はお客様が自分の意志で自由に選択し、レジまで商品を持っていく、スーパーマーケットやコンビニエンスストアなどの販売形態へと移行していきます。

このセルフサービス販売方式では、販売員がお勧めできない代わりに、お客様が「見やすく、選びやすく、買いやすい」売り場を演出しなければなりません。メインターゲットのお客様層に対して好意的な意味をつけて情報をお伝えすることが必要となります。そのため、コンビニの売り場ではお客様が買い物を楽しめる提案があり、かつ短い時間でニーズに合った商品が見つけられるように考えられています。

例えば、①の販売促進においては、レイアウトに始まり、通路の幅や前項で挙げた照明、各種販売什器やディスプレイ、お買い物カゴの配置など、さまざまな要素がこの役割を果たしています。②のサービス提供では、トイレの貸し出しや、銀行ＡＴＭ、マルチコピー機、イートインスペースの設置など、お客様の利便性をより高めるものを用意しています。新型感染症蔓延の影響でイートインスペースは一時閉鎖されていましたが、今後は少しずつ開放され、よりお客様が身近に感じられる店舗へと進んでいくと考えられます。

購買行動の変化に伴う売り場の役割の拡充

Retail 1.0	Retail 2.0 以降
対面販売・推奨販売	マーケティング・ コミュニケーション
接客によりニーズ・ウォンツに 最も適した商品を提案する	売り場での表現や提案を行う

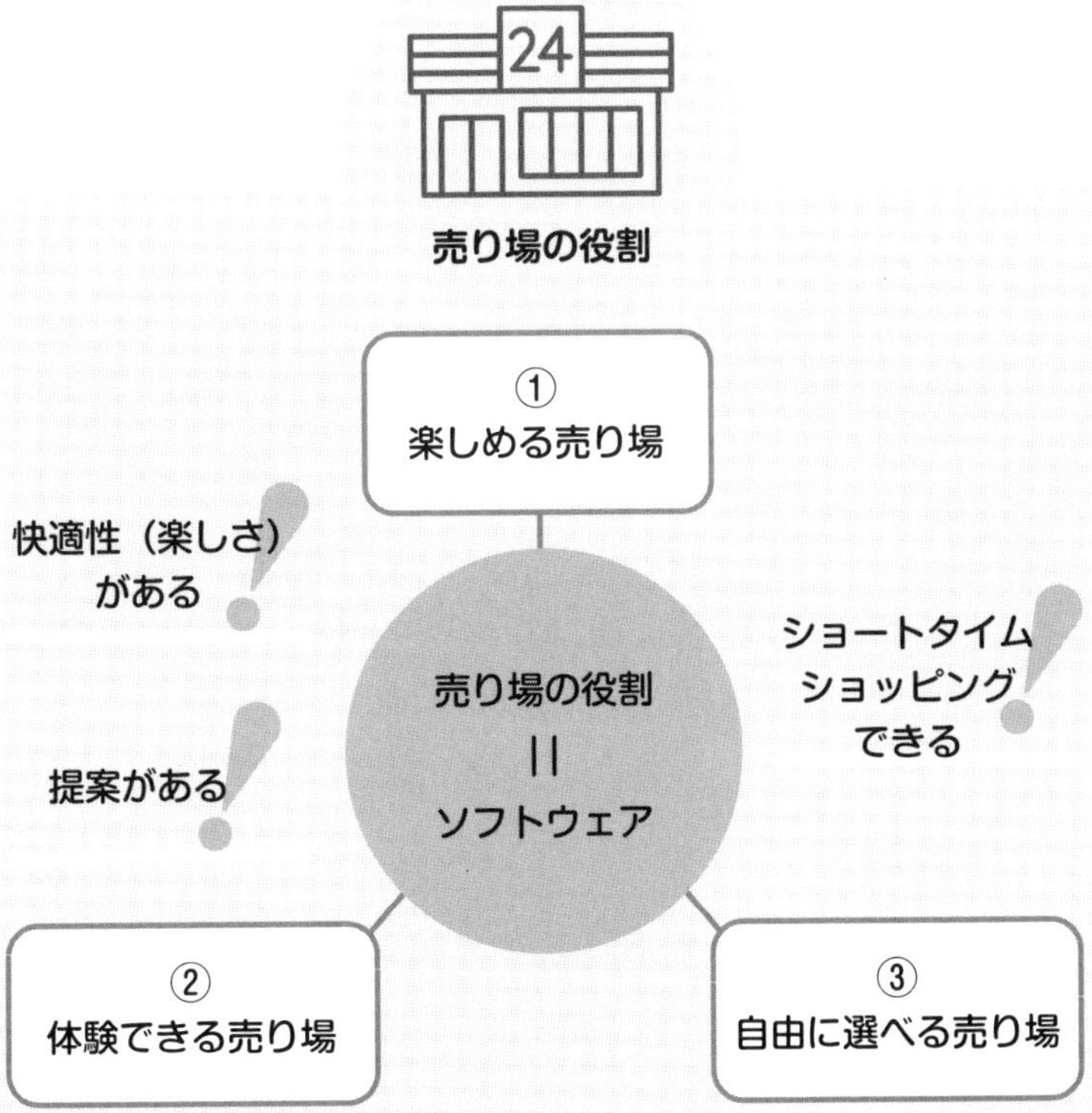

売り場の役割③

コンビニのレイアウト

売り場の役割を果たすために最重要となるのが、レイアウトです。コンビニエンスストアのレイアウトは「いかにお客様に長く店内を移動してもらうか」を考えて作られており、多くの工夫が詰まっています。

コンビニの常温の商品を並べるゴンドラは、通常1台あたり3尺（90cm）で、1店舗あたり90～120尺（ゴンドラ30～40台）が配置されています。これをいかにお客様が買いやすいように配置できるかによって、売上に大きく影響します。店舗の形が特殊（ビル内など変則的な形状の売り場）ではない、一般的なレイアウトの特徴をみていきましょう。

・売上構成比の高いおにぎりやお弁当などの中食、ソフトドリンクは、入り口から見て奥のほうに配置することでお客様の動線を長くし、1つでも多くの棚を見てもらう

・エンドゴンドラに魅力的な商品群や流行している分類の商品を並べることで、「立寄率」「注目率」を上げる

・冷凍食品やアイクリームを並べる什器は中食の什器（オープンケース）やレジ前に置き、それぞれ目に留まりやすいように視界を確保する

・レジ前の平台に買い忘れしやすい商品や提案商品を置くことで、買上率を上げる

・通路幅を調整し、外通路と中通路の通りやすさを確保する

特に最後の通路幅は、外通路を広く取るか、中通路を広く取るかで中に入って商品を見てもらえる確率が変わります。中通路が100cmであれば人がすれ違えず、入るのに躊躇したり、最下段までしっかりと商品が確認できない場合がありますが、120cmあれば少し余裕を持って商品を選ぶことができます。

10cm、20cmのコントロールによってお客様の買いやすさを追い求める細かいマネジメントが、今のコンビニを支えています。

コンビニの一般的なレイアウト

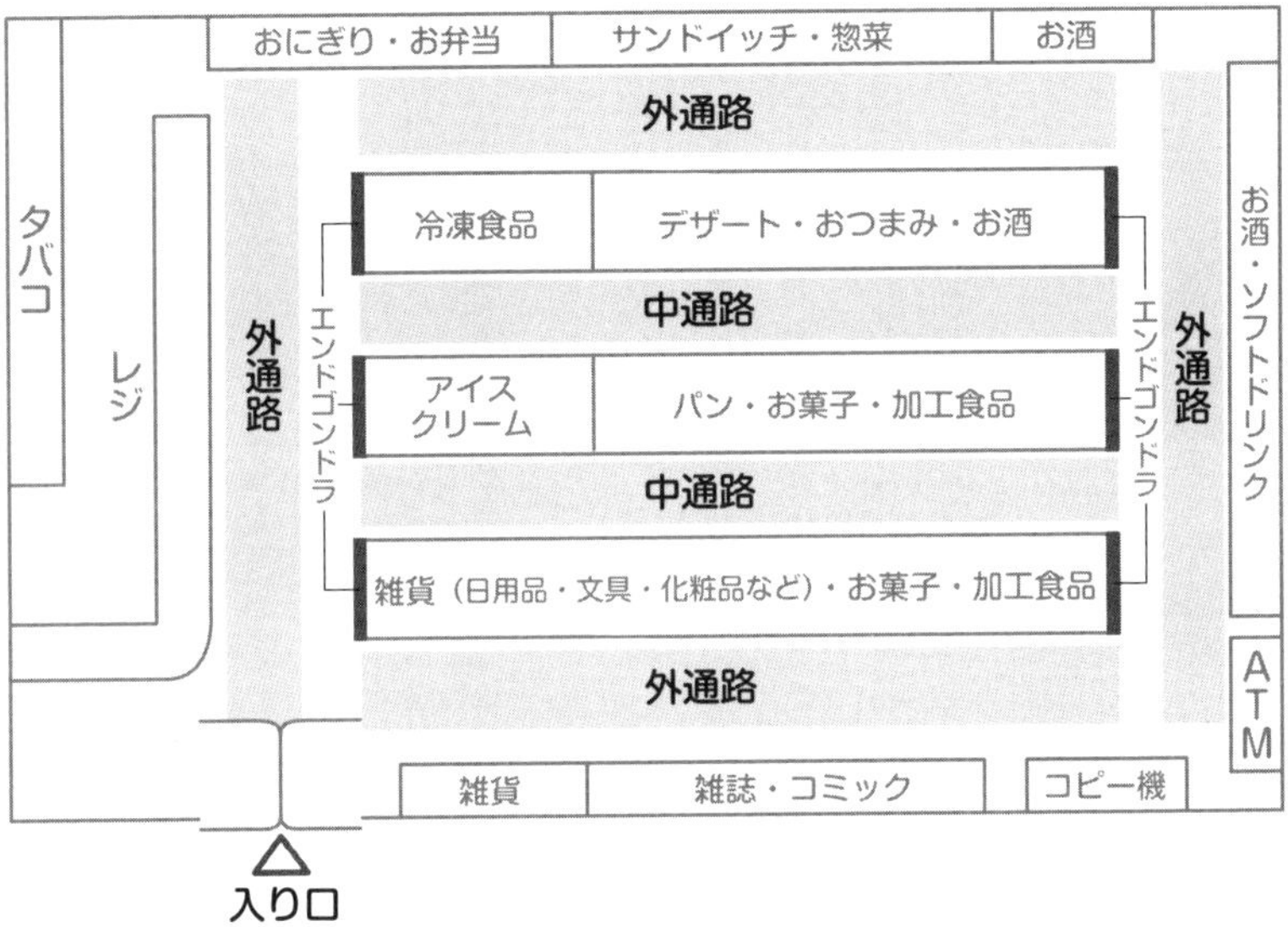

お客様の主動線

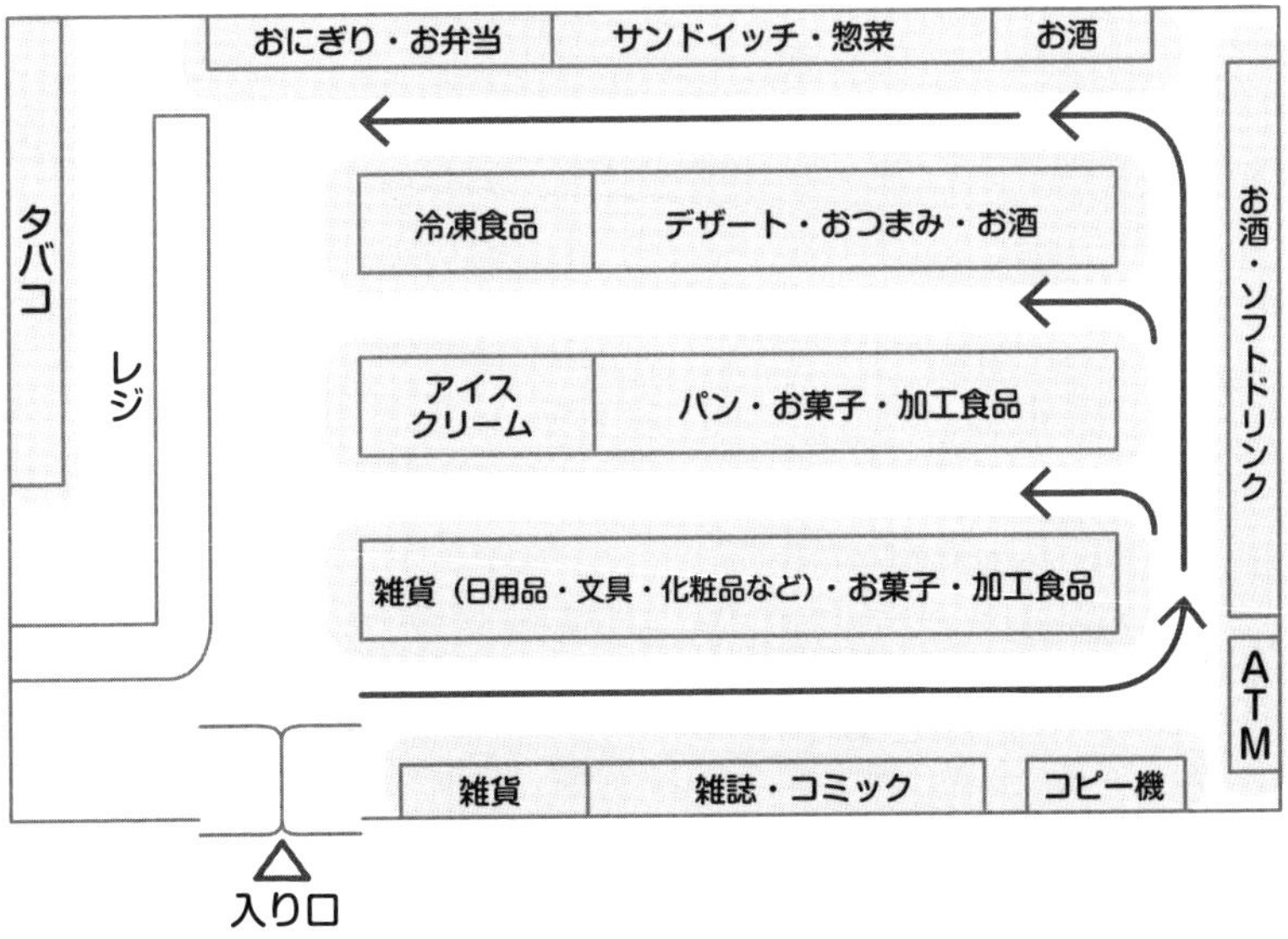

コンビニの販売設備

コンビニエンスストアには、狭い売り場にさまざまな販売什器、設備があります。ゴンドラ什器は通常３尺ですが、お店のスペースに合わせて２尺や４尺などの特寸ゴンドラも存在します。また、高さは１５０cmが標準ですが、広い店舗では奥まで見通せるような低いゴンドラ（１３５cm）を、狭くて商品があまり並べられないような売り場であれば高いゴンドラ（１８０cm）を使い分けています。近年ではお客様により多くの品揃えの中から選んでもらえるよう、高いゴンドラを使用するチェーンも見られます。

他にどんな販売設備があるかをみていきましょう。

オープンケース（冷蔵、20℃前後、HOT）　お弁当や惣菜、牛乳などを陳列するケースで、温度を上段と下段で調整（上段を20℃前後、下段を冷蔵など）できるものもあります。ケースの上部と下部にそれぞれ空気口があり、上部から下部に向かって空気の壁を作ることで温度を一定に保ちます。また、ホットドリンクを陳列できるものもあり、こちらは棚板が熱くなることによって常温のドリンクを温めます。

冷凍アイスクリームケース　アイスクリームや冷凍食品を陳列するケースです。こちらも上部に空気の壁を作ることで冷凍（マイナス20℃前後）の状態を維持しています。店内入り口が２ヶ所ある場合には大きなフタをつけることもあります。

ウォークインケース　売り場側だけでなく、裏に商品補充用のスペースがある冷蔵庫のことをいい、ソフトドリンクやお酒（冷蔵）を陳列します。

空気の壁による温度管理は、お客様が「買いやすい」環境を作るために欠かせない技術です。他にもホットショーケースや中華まん蒸し器、コーヒーマシン、栄養ドリンクケースなどさまざまな什器がありますが、改廃を繰り返しながら買いやすい売り場やお客様に最大の価値を提供できるよう、コンビニ各社とも設備・什器メーカーと協力して開発を進めています。

コンビニの一般的な販売設備

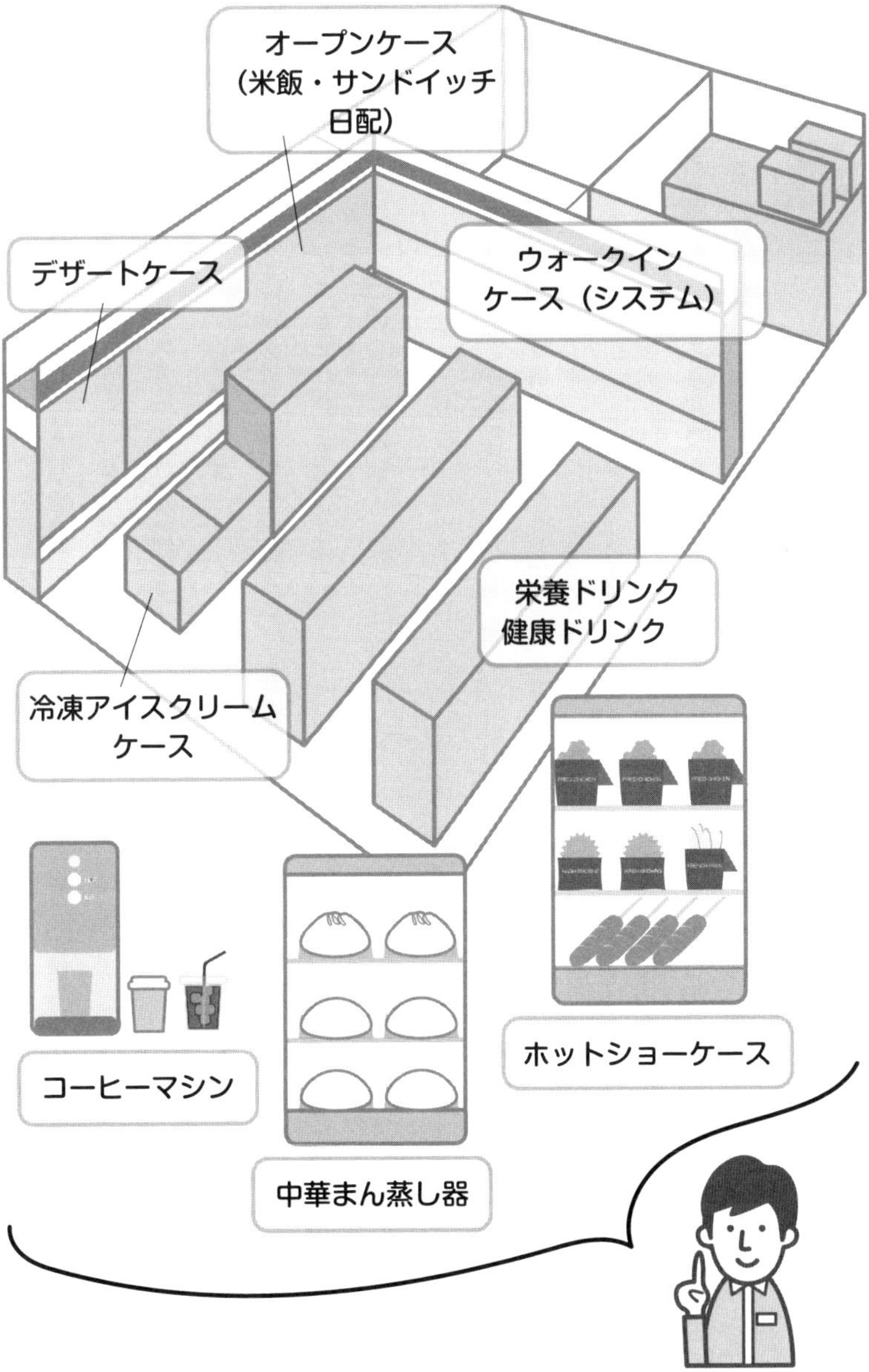

コンビニの陳列・ディスプレイの工夫

コンビニエンスストアでは、ゴンドラの棚を単なる「置き場」ではなく「商品を提案する場」として活用します。商品の価値を生活提案に置き換え、ターゲットである顧客に正しく訴求し、より多くの購買に結び付ける演出（ディスプレイ）としているのです。本部が用意する、またはお店独自で作成する、商品名や価格、セールスポイントなどを伝えるＰＯＰを用いることもありますが、まず、商品をどのように陳列するかをみていきましょう。

◐売り場を魅力的にするテクニック

①棚と棚との間を、その棚の一番高い商品から指2本分のスペースで詰めていく

棚の背面（バックメッシュ）を見せないようにすることで、商品が豊富にあるように見える調整をします。背面が見えてしまう場合には、画用紙や布などで色を変えることで特別感を演出します。

②ゴンドラを上・中・下段に3等分し、それぞれ棚板の奥行を合わせると同時に隣のゴンドラの同じ高さにある棚板とも合わせる

棚板の奥行を揃えることで、通路に入った際に先のゴンドラまで商品を見渡すことができ、きちんと陳列されているイメージを持ってもらえます。

③棚を斜めにする

棚は傾斜をつけられるようになっているため、下段の商品がきちんと見えるよう斜めに差し込んで、ゴンドラの前に立ったときに見やすくします。

④ゴールデンラインにターゲットに合った商品を陳列する

ゴールデンラインとは、手が無理なく届く範囲であり、男性なら床から85～１３５cm、女性は75～１２５cmといわれます。また、シニアのお客様は床から80cmくらいがよく見えて取りやすい範囲となります。

これ以外にもさまざまな工夫によって、お客様から見て魅力的なゴンドラを実現していきます。

購買率を高めるための陳列の工夫

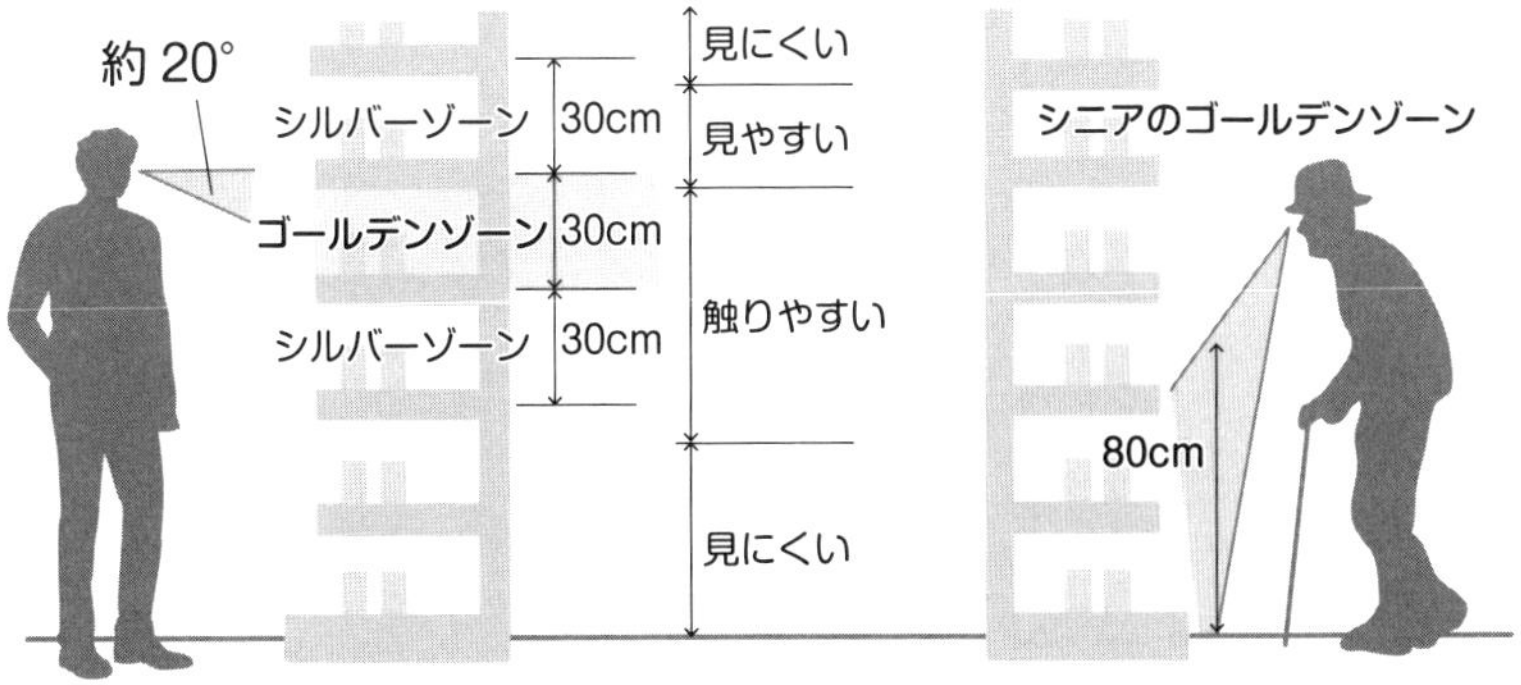

コンビニの作業

3章では店長の管理の仕事について述べましたが、ここでは売り場の具体的な作業をみていきます。

お店で行う作業は大きく「管理業務」「発注」「納品・検品」「売り場管理」「接客」「清掃」の6つに分けられます。

①管理業務（約１２０分） 販売設備の温度管理や商品の鮮度管理、現金の管理を行います。

②発注（約２７０分） データの確認や商品の発注を行います。一部発注が自動化されているチェーンもあります。

③納品・検品（約４８０分） 中食や雑貨、冷凍食品など、さまざまな商品の納品作業があります。

④売り場管理（約４８０分） 補充品出し（バックヤードからの補充）や商品の前出し、揚げ物の仕込みなどを行います。

⑤清掃（約５４０分） トイレや床、ごみ箱の交換、販売設備の洗浄を行います。

⑥接客（約９００分） レジやお客様からの問い合わせなどに対応します。

コンビニエンスストアでは、毎日これだけの作業を行うことで、お客様に「便利」で「買いやすい」売り場を提供しています。ここでは、ある店舗の1日の作業時間を例に挙げていますが、売上や客数によって大きく変動します。また、前述の「売り場でなるべく商品在庫を持つこと」や「単品管理の精度を上げていくこと」によって補充品出しの時間を減らしたり、従業員教育によってそれぞれの作業スピードを上げたりすることで、店舗内作業の質は向上していきます。

一方、各チェーンではＡＩの活用（発注業務等）や機械による自動化（セルフレジ等）によって作業負担を軽減し、お客様へのより高い付加価値サービスの提供や店舗のオペレーション能力を向上させられるよう、取り組んでいます。

ある店舗の１日の作業時間

①管理業務

2時間00分

現金管理　20分
温度管理　10分
鮮度管理　90分

②発注

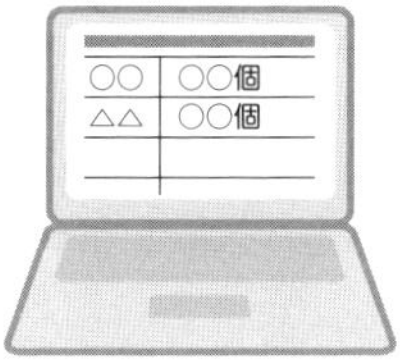

4時間30分

中食分類　120分
その他分類 90分
修正　30分
データ確認 30分

③納品・検品

8時間00分

中食分類　240分
その他分類 240分

④売り場管理

8時間00分

補充品出 100分
前出し　90分
揚げ物等 200分
その他　90分

⑤清掃

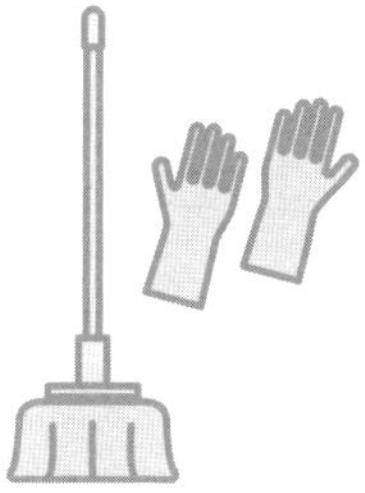

9時間00分

店内　180分
店外　120分
什器・設備 180分
その他　60分

⑥接客

15時間00分

ＳＣ・ＰＯＳシステムのしくみ

お店のバックヤードは、効率的な業務を遂行するための管理を担っており、特に重要なのはストア・コンピュータ（ＳＣ）によるＰＯＳシステムです。

ＳＣとは各種の情報処理を行うパソコンで、本部、メーカー、ベンダーなどと接続された「総合店舗管理システム」としての機能があります。ここで商品の在庫の管理や価格の設定、データの分析などを行います。また、ＥＯＢと呼ばれる電子発注台帳により、売り場でもこの情報を活用しています。

ＰＯＳとはPoint of Salesの略で、販売時点情報管理システムといい、日本では１９７８年にＪＡＮコードと呼ばれるバーコードが規格化されたことで本格的に活用され始めました。元々海外で販売数の確認や従業員の不正防止などの目的で使用されていたＰＯＳシステムは、現在では「マーケティング」としてどのくらいの機会ロス（売れたはずなのに商品がなかったために売れなかった）があったのかなどに使われているのは前述の通りです。

ＰＯＳシステムはリアルタイムの情報収集ができるため、店舗では売り場の管理や発注などの単品管理に活かしています。また、前述した発注リードタイムの短縮にはＥＯＳ（オンライン受発注システム）が使われています。メーカー、ベンダー、本部、お店のすべてでＰＯＳの販売データ、および店舗からの発注データが共有されることによって、製造から販売までの在庫切れを防ぐ機能を果たしています。

お客様の買い物データは、セブン‐イレブンでは１日に約２０００万件も収集されるため、購買動向を分析することで新たな商品開発にもつなげています。一方、これだけの情報を扱うシステムを24時間・３６５日休まず稼働させることは容易ではありません。このシステムが止まってしまうと店舗で販売できなくなるなどの大きな影響が出てしまうため、各チェーンとも多くの費用を投じてシステムを維持、開発しています。

コンビニの POS システム

POS システム Point of sales：販売時点情報管理システム	
自動読み取りが瞬時にできる	SC の価格情報との随時データ連携
販売時点でのリアルタイムの情報収集ができる	売り場生産性の向上に活用
単品管理ができる	内部情報の蓄積
情報の集中管理ができる	本部でのビッグデーター括管理
IC カードから支払いや顧客情報が蓄積できる	ICT（情報通信技術）の発達

コンビニの受発注システム

EOS Electronic Ordering System（オンライン受発注システム）

EOB Electronic Order Book（電子発注台帳）

EDI Electronic Data Interchange（電子データ交換）

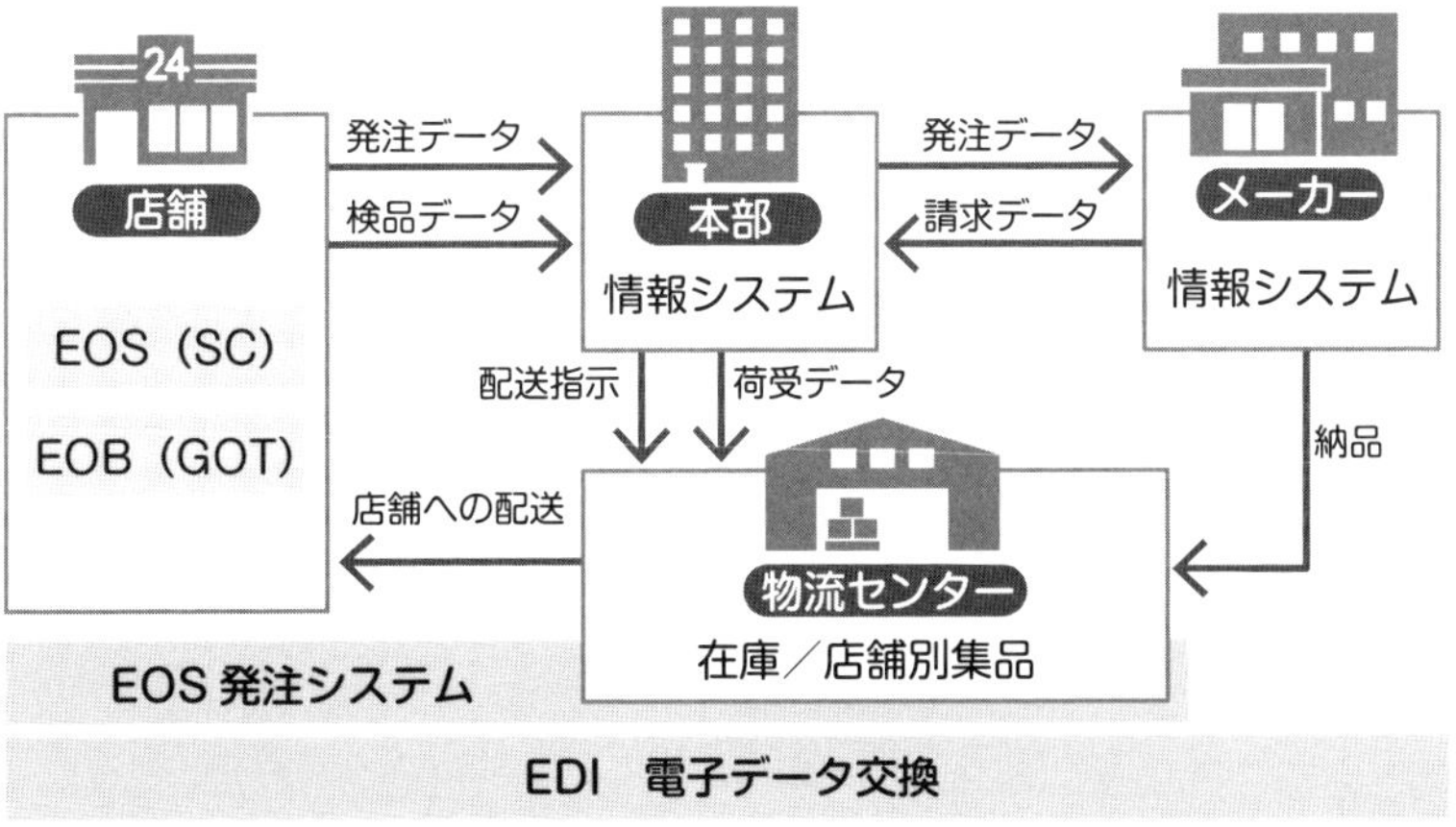

8章

コンビニに関わる法律・制度

関わる法令の全体像

コンビニエンスストアを経営するには、さまざまな法令を守る必要があります。ただし、本部と加盟店は規模や役割の違いから関わる法令が異なる場合が多く存在します。この章では守るべき法令をみていきます。

◑出店に関わる法令

加盟店が出店する際には、まず本部とのフランチャイズ契約が必要となります。民法に則って、フランチャイザーとフランチャイジーが双方合意のうえで契約を結びます。また、店舗の立地によっては、地域の条例等から外観や建物の広さ、入り口などの規制を受ける場合があります。さらに、事業を営むうえで、販売を行う許認可が必要となります。

◑仕入れに関わる法令

本部はメーカー（またはベンダー）との仕入れ交渉の際には、独占禁止法や下請代金支払遅延等防止法などに違反しないように行う必要があります。一方、加盟店は、本部経由での仕入れが多いため、基本的には本部への支払い義務をオープンアカウント（4章参照）により決済します。

◑商品の内容表示等に関わる法令

お客様が安全で豊かな買い物を楽しむためには、商品の安全性を確保しなければなりません。これには、消費生活用製品安全法や食品表示法の遵守、また、計量法に定められた基準を守ることが必要となります。

◑売るときに関わる法令

売買契約に関する民法の規定に沿った取引や、消費者基本法（消費者に対する誤認防止措置の義務など）を守らなければなりません。また、販売促進においては景品表示法や独占禁止法を遵守する必要があります。

◑その他の事業を行ううえでの法令

個人情報保護法や環境に関連した法令を守る必要があります。

他にもさまざまな法令がありますが、上記の法令について具体的に次項からみていきましょう。

コンビニ経営で守るべき法律や規制

出店時	本部と加盟店との契約	民法・中小小売商業振興法など
	事業の許認可	たばこ事業法・食糧法など
	責任者の設置	食品衛生法・消防法
仕入れる	取引先との関係	独占禁止法・ 下請代金支払遅延防止法など
	本部と加盟店の関係性	フランチャイズ契約
並べる	規格について	消費生活用製品安全法など
	品質表示	食品表示法など
	計量	計量法
売る	公正な取引	消費者基本法など
	不当な販売促進の禁止	景品表示法など
情報管理	個人情報の管理	個人情報保護法
環境	環境に配慮した経営	環境基本法・ 容器包装リサイクル法など

必要な申請・資格とは

コンビニエンスストアを始めようとする場合、加盟者（オーナー）はまず、本部とフランチャイズ契約を結ぶ必要があります。

中小小売商業振興法では、本部はあらかじめ加盟金や商品の販売条件、経営指導、商標の使用範囲、契約期間・更新・解除などについて、説明を行わなければならないと規定されています。近年、本部と加盟店が契約を巡って訴訟に至ったこともあり、２０２２年４月１日より、本部は加盟店に対し、周辺の類似店の直近３年間の収支状況に関する情報も開示することが必要になりました。

一方、加盟する側にも相当額の投資が必要であることや、今後事業を継続して行うことが前提であること、加盟後の事業活動は経済動向や市場環境から影響を受ける可能性があることに注意する必要があるとされています。

双方がこれらの内容を合意したうえで、フランチャイズとしての事業がスタートします。

◑土地・建物について

コンビニはどこにでも出店できるわけではありません。オーナーが土地・建物を用意する契約においては、出店を予定している土地で事業ができるかどうかを事前に確認する必要があります。例えば、都市計画法に定められている市街化区域等の用途地域（どんな建物を建てることができるか）の確認が必要です。

◑許認可について

コンビニはさまざまな種類の商品を扱っており、販売を開始する前に免許や許可などを取得、または申請する必要があります。例えば、食品販売業登録、飲食店営業許可、一般酒類小売業免許、たばこ小売販売業許可、屋外広告物掲出許可、郵便切手類販売等委託、ゆうパック・宅配便取次があります。

これらの許認可は、都道府県や政令指定都市の保健所、財務省などの機関によって発行され、一部は５～

市街化区域などのイメージ

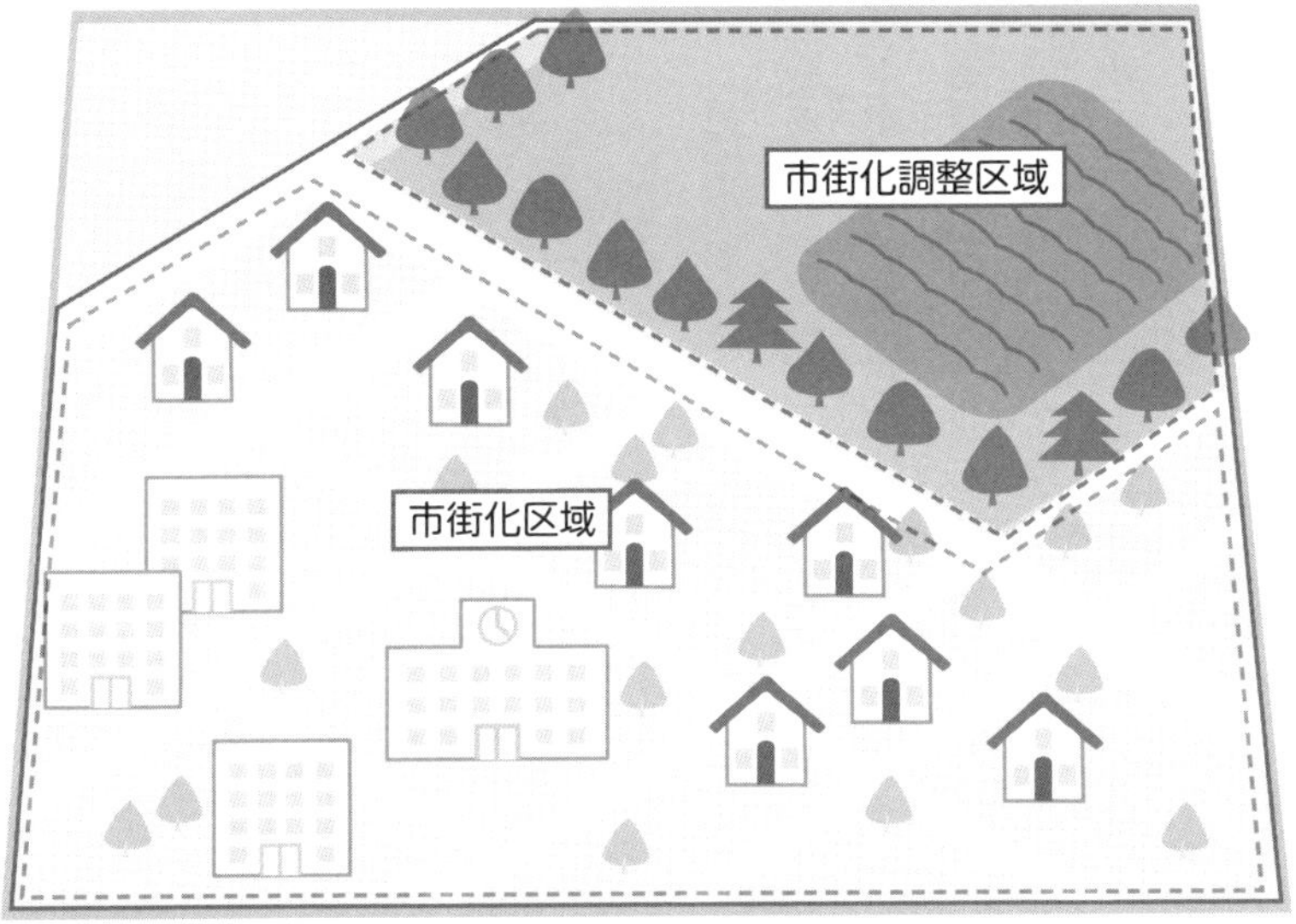

用途地域でコンビニが出店できるエリアのイメージ

	用途地域内の建築物の用途制限 ○ 建てられる用途 × 建てられない用途 ①、②、③、④、▲、■：面積、階数等の制限あり	第一種低層住居専用地域	第二種低層住居専用地域	第一種中高層住居専用地域	第二種中高層住居専用地域	第一種住居地域	第二種住居地域	準住居地域	田園居地域	近隣商業地域	商業地域	準工業地域	工業地域	工業専用地域
店舗等	店舗等の床面積が $150m^2$ 以下のもの	①	①	②	③	○	○	○	①	○	○	○	○	④
	店舗等の床面積が $150m^2$ を超え、$500m^2$ 以下のもの	×	×	②	③	○	○	○	■	○	○	○	○	④

①日用品販売店舗、喫茶店、理髪店、建具屋等のサービス業用店舗のみ。2 階以下
② ①に加えて、物品販売店舗、飲食店、損保代理店・銀行の支店・宅地建物取引業者等のサービス業用店舗のみ。2 階以下
③2 階以下
④物品販売店舗及び飲食店を除く。
■農産物直売所、農家レストラン等のみ。2 階以下

8年間で更新手続きを行う必要があります。

たばこの販売許可が受けられるかどうかによって、売上や客数に大きな影響を与えます。申請すれば許可を得られるわけでなく、距離規制（エリアによって異なる）によって近くにたばこを販売しているお店があれば許可はおりず、販売できません。

その他、地域によって異なる許認可が必要になる場合がありますが、これらの許認可を遵守していない場合、罰金や営業停止などのペナルティが課せられることがあるため、地域ごとに適切な許認可を取得することが極めて重要となります。

◐コンビニの営業に必要な資格

コンビニを営業するには、少なくとも2つの資格（食品衛生責任者・防火管理者）を取得した人を配置する必要があります。

食品を製造・販売する店舗には、その営業許可を受けた店舗ごとに食品衛生責任者を配置する必要があります（食品衛生法）。従業員を食品衛生責任者として資格を取ってもらうことも可能ですが、退職して代わりの食品衛生責任者がいない期間があったりすると、行政処分の対象となります。

次に防火管理者です。これは収容人数が30人以上の店舗等の防火管理上必要な業務を行う責任者のことをいい、消防法によって設置が義務付けられています。30人未満の小規模の店舗には防火管理者の選任は必要ありませんが、ピークの時間帯には従業員を含めて30人を超えることも多くあるため、取得しておく必要があります。また、店舗の延べ面積が300㎡以上の場合は「甲種防火管理」の資格が必要となりますが、コンビニはほとんどが300㎡未満のため、「乙種防火管理」を取得すればよいとされています。

コンビニに必要な許可と届け出

種類	許可等	法律	担当行政	注意事項
食品販売等	登録	食品衛生法	都道府県知事（保健所）	その他にも調理する場合や食肉・魚介類などを販売する場合は別途許可が必要
乳類販売業	許可			
米穀類の販売	届出	食糧法	農林水産大臣	年20精米トン以上の販売のみ
酒類販売業	免許	酒税法	所轄の税務署長	販売所ごとに免許が必要
たばこ販売業	許可	たばこ事業法	財務大臣	JT経由で申請
屋外広告物	許可	屋外広告物法	都道府県	基準は地方自治体（条例や規制）によって異なる
はがき・切手等	許可	郵便法	総務大臣	日本郵政(株)に申請
食品衛生責任者の設置	届出	食品衛生法	都道府県知事	営業許可施設ごとに必要
防火管理者の設置	届出	防火法	総務省消防庁	管轄の消防署へ提出

取引先との良好な関係を築く

コンビニエンスストアの仕入れは、多くは本部の推奨商品の中から行います。まず、本部がメーカー、またはベンダーに対して守るべき法令を確認します。

◑独占禁止法

各チェーンの本部は、多くの加盟店との契約があることから、メーカー・ベンダーにとっては一度の取引で多くの販売が見込めます。このパワーバランスにおいて、一方に大きく不利な条件で契約をさせられる可能性も否めません。このような不公正な取引を防ぐため、過度な協賛金の要求や商品納入後の値引きの強要、予約商品の押付販売などは禁止されています。

◑下請代金支払遅延等防止法

本部からPB商品の製造委託を外部に依頼する場合、相手の会社の規模にもよりますが、契約書面を交付し、支払期日を遵守（60日以内）しなければなりません。商品の納品を拒否したり、代金を減額したりすることは認められておらず、公正な取引が求められます。

◑仕入れの形態

加盟店が仕入れを行う際は、一般的には本部を経由して行います。ただし、仕入れといってもメーカー、またはベンダーから商品を買う「買取仕入れ」になります。売買を行うので、継続した取引関係を結んだうえで支払期日や納品方法などを交渉する必要がありますが、この役割は本部が負担しているため、加盟店は発注と納品時の検品、陳列、販売に集中することができます。買取仕入れでは、当然、所有権はお店のものとなり、在庫になっていきます。一方、商品を納品時に買い取らない取引も存在します。これを「消化仕入れ」といい、お客様が購入した時点でその商品の所有権がお店へと移動し、ほぼ同時にお客様へと移動するものです。この時点で在庫が計上され、すぐにお客様に移るのでお店は在庫リスクを負う必要がありません。コンビニではテーマパークのチケットなど一部の商品で消化仕入れを行っています。

仕入れの大まかな流れ

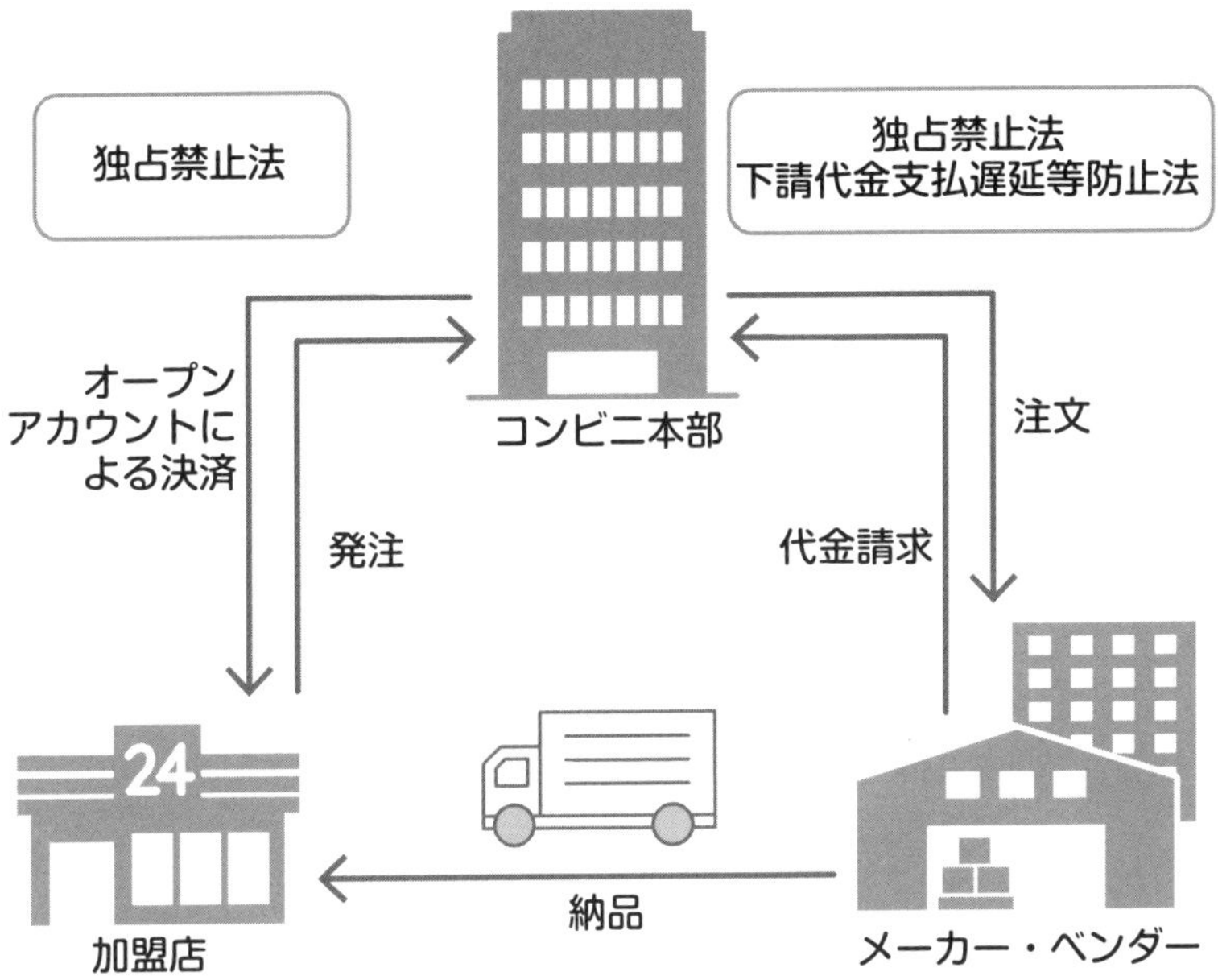

下請法の対象範囲　下請法の適用対象となる取引当事者の資本金区分

- 物品の製造・修理委託
- プログラムの作成委託
- 運送、物品の倉庫における保管、情報処理

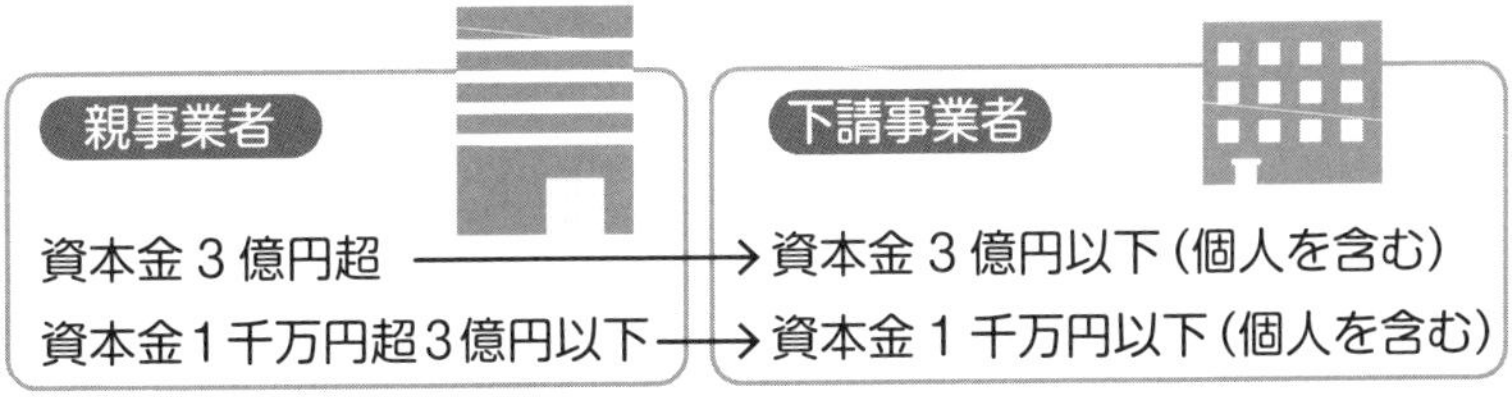

出典：経済産業省関東経済産業局ホームページ
https://www.kanto.meti.go.jp/seisaku/shitauke/shitauke_law.html

安心安全を守る

商品を販売する際、売り手側と買い手側の情報量には大きな差があります。これによって消費者が一方的に不利な状況で買い物をすることにならないよう、さまざまな法令によって正しく情報を伝えるように定められています。

◑食品表示法

コンビニエンスストアで販売される商品の多くは食品です。消費者が安全に選択できるようにするために、食品表示法が定められています。これには食品名、アレルゲン、保存方法、消費期限、原材料、添加物、栄養成分、熱量、原産地などの表示が義務付けられています。大容量の商品を小分けの袋に入れて販売する場合、小分けの袋に表示がなければ法律に違反し、罰則を受ける場合があるため、注意が必要です。

この法律では、「消費期限」と「賞味期限」の表示も定められています。消費期限は、食品が安全に食べられる期限を示し、おにぎりやお弁当、サンドイッチなど傷みやすい食品に表示されています。一方、賞味期限は食品の品質が維持され、おいしく食べられる期限を示し、スナック菓子、カップ麺など傷みにくい食品に表示されています。賞味期限が過ぎても、食品はまだ安全に食べられる可能性がありますが、風味や栄養価が低下する可能性があります。

◑消費生活用製品安全法

食品以外の商品の場合、消費生活用製品安全法により、特定製品の製造および販売を規制し、製品事故に関する情報の収集および提供を行い、消費者の利益を保護することなどが求められています。例えば、ライターは技術上の基準に適合していることを示す表示（PSCマーク）がついているものでなければ、販売または販売の目的で陳列することができません。

この他にも、消費者に正確で比較可能な情報を提供するために計量法（単位や計量器、誤差の基準を定めたもの）を守り、表示する必要があります。

食品ラベルのイメージ

名　称	弁当
原材料名	うるち米（国産）、白菜、玉葱、人参、たけのこ、植物油脂、スープベース、海老加工品、醤油、いか、澱粉、調味豚肉、調製ラード、きくらげ、小松菜、中華風調味料、砂糖、水飴、オイスターソース、帆立エキス、MCT オイル、調味酢、油脂加工品、塩、ゼラチン、醸造調味料、澱粉こんにゃく粉、胡椒、澱粉加工品／調味料（アミノ酸等）、（一部に小麦・えび・いか・牛肉・ごま・ゼラチン・大豆・鶏肉・豚肉を含む）
内容量	1食
消費期限	21.10.16　午前7時
保存方法	10°C以下

製造者（株）●●食品　東京都千代田区■■▲-▲

栄養成分表示　1包装当り　熱量 601kcal　蛋白質 14.6g　脂質 18.7g
炭水化物 96.2g（糖質 90.7g 食物繊維 5.5g）食塩相当量 3.2g<推定値>

出典：セブン-イレブンホームページ「表示ラベルの見方」
https://www.sej.co.jp/products/anshin/knowledge_label.html

賞味期限と消費期限の違い

	賞味期限	消費期限
定義	期待されるすべての品質の保持が十分に可能であると認められる期限	腐敗その他品質が劣化せず、安全性を欠くおそれがないと認められる期限
意味	おいしく食べることができる期限	期限を過ぎたら食べないほうがよい期限
表示方法	3ヶ月以上 －「年月」 3ヶ月以内 －「年月日」	「年月日」
対象	スナック菓子、カップラーメンなど	お弁当、サンドイッチなど

公正な取引とは

商品を販売する際、お客様がレジで「この商品をください」という申し込みをし、お店が「わかりました」と合意することによって、売買の契約が結ばれます。この時点でお客様がお金を払う、お店は商品を渡すという約束があり、お互いがお金と商品を実際に交換します。これを現実売買といい、お客様一人ひとりと契約を結んで販売していることになります。

一方、販売側は次に挙げる法令も遵守する必要があります。

◑消費者基本法

コンビニエンスストアは消費者基本法に基づき、消費者の安全や公正な取引を保障するため、消費者が理解しやすい情報を提供すること、消費者の知識、経験、そして財産の状況を考慮すること、苦情が生じた場合には適切、かつ迅速に対応すること、また国や地方自治体が行う消費者政策に協力することが定められています。

◑景品表示法

お客様がよりよい商品やサービスを、自主的かつ合理的に選択できるように、商品やサービスの品質、内容、価格などの不当な表示を規制し、景品の過剰な提供をしないように景品表示法を遵守する必要があります。例えば、外国産を国産と偽ってＰＯＰなどでアピールする（優良誤認表示）、「残り30個、今だけ！」とうたいながら実際には30個以上用意している、「日本一安い」など事実ではないことを表示する（有利誤認表示）、値下げやメーカー希望価格よりも安い価格を印象付ける表示をしているが、実際にはメーカー希望価格がない、または５００円で売った事実がない（不当な二重価格表示）などが不当な表示にあたります。

過度な競争によって消費者の利益が損なわれないよう、景品金額の上限も左図のように決められています。キャンペーンや感謝イベントを行う場合には、この範囲内で行わなければなりません。

景品表示法

■不当景品類の規制

総付《そうづけ》（べた付け）景品	全員を対象とした景品の提供やスタンプなど
取引価格が1,000円未満は200円、1,000円以上は2割以内	
一般懸賞	単独の小売店やメーカーが取引に付随して懸賞を行う場合
（最高額）取引価格が5,000円未満は価格の20倍、5,000円以上なら10万円以内 （総額）懸賞に係る売上予定総額の2％以内	
共同懸賞	複数の事業者が共同で取引に付随して懸賞を行う場合
（最高額）30万円　（総額）懸賞に係る売上予定総額の3％以内	

■不当な表示の防止

優良誤認表示	商品の品質、企画、その他の内容についての不当表示
有利誤認表示	商品の価格その他取引条件についての不当表示
二重価格表示	不当に比較対照価格を高額に表示する

不当な二重価格表示の例

情報を正しく管理する

最近では漏洩や悪用など、個人情報の取り扱いに関する問題が相次いでいます。これらを防止するため、個人情報保護法によって個人情報の範囲や義務が厳格化されました。したがって、事業を行ううえで、個人情報保護に対応することは必須となっています。

◑本部が守るべき義務

本部は、カード会員情報や購買履歴などの個人情報データベースを持っています。これを分析して製品開発や販促計画に活かす場合は、特定の個人と結びつかないようにする必要があります。

◑加盟店が守るべき義務

宅配便や予約商品の受付時には、伝票や申込書に必要事項を記入してもらいます。これらは当然ながら個人情報となるため、誰でも閲覧できる場所に放置してはなりません。施錠管理、または人目につかない場所での管理が必須です。履歴書やその他の人事書類など、従業員の個人情報も同様に管理する必要があります。採用面接で不採用とした場合は、返送するなどしてお店に残さないようにすることも必要です。また、公共料金などの高額な支払いを受け付けることから、コンビニエンスストアの名札は名前を明示する必要がありましたが、近年、他業態で従業員がつけている名札からストーカー被害につながった事例もあり、今後は名札のあり方も見直される可能性があります。

一方、コンビニの現場では、防犯カメラの映像確認を求められることがあります。防犯カメラに録画された個人の画像も個人情報に該当するため、お客様からの問い合わせには、基本的に応じることはできません。

しかしながら、お店側で必要だと判断した場合には、お客様からの警察への相談、そして警察からの開示依頼書の提出によって、対応することができます。

警察からの犯罪捜査において防犯カメラ映像の閲覧を求められた場合は、「捜査関係事項照会書」を確認することで協力することができます。

個人情報保護法

■個人情報取扱事業者に対しての義務規定

利用目的の特定と利用の制限	目的の開示と目的以外の使用制限
適正な取得と、取得に際しての利用目的の通知	嘘をついてのデータ取得の禁止
安全な管理への措置、従業員・委託先の監督	安全に管理する措置を行う義務
第三者提供の制限	同意がない第三者への提供の禁止
公表、開示、訂正、利用停止	本人からのデータの請求の権利
苦情の処理	苦情があった場合の迅速な対処

個人情報の種類

- 予約商品の注文票
- 雑誌定期購読のリスト
- アンケートの結果情報
- キャンペーンの受付票
- 個人が特定できるメールアドレスやSNSアカウント

- 従業員の履歴書
- 従業員の名簿
- 従業員の連絡先
- 退職者リスト
- 従業員の給与データ
- 従業員の健康診断票
- 防犯カメラの個人が特定できる画像データ

持続可能な事業を目指して

近年、SDGsやESGなど気候変動や廃棄物処理の問題に注目が集まっています。国際的にも企業はこれらに対処する責任が求められています。日本でも環境基本法において、国・事業者・国民の責務が明らかにされ、総合的かつ計画的な取り組みを通じて貢献することが求められています。また、政府は2050年までに温室効果ガスの排出を全体としてゼロにする「カーボンニュートラル」を目指すことを宣言しました。

これに対し、例えばセブン-イレブンの本部は、太陽光発電パネルの店舗への設置、国内初のコンビニエンスストア併設の水素ステーションの展開と燃料電池小型トラックの導入の他、店内を正圧化し、外気の侵入を抑制することでCO_2排出量を削減する取り組みを進めています。

一方、各コンビニの店舗では2020年7月1日から容器包装リサイクル法の規定により、プラスチック製のレジ袋が有料化されました。これにより、レジ袋の辞退率が23%から75%に上がっています（コンビニ大手3社調べ）。

また、新たに施行されたプラスチック資源循環促進法では、無償で提供しているスプーンやフォーク、ストローなどを「特定プラスチック使用製品」に指定し、有料化や再利用などによって使用量を計画的に減らすよう求めています。各社は生分解性プラスチックの使用や、持ち手を空洞化してプラスチックの使用量を減らすなどの対応の他、商品の包材素材にバイオマスプラスチックを使うことや、ペットボトル回収機の設置とその素材の活用、ラベルの縮小などの環境負荷軽減に取り組んでいます。

さらに食品リサイクル法に基づき、食品ロスを減らすために棚からの「てまえどり」を呼びかけたり、発注精度の向上や包装の改良によるロングライフ化、店舗で発生した食品ロスを再資源化するなど、持続可能な消費と生産パターンへの移行を進めています。

プラスチック資源循環促進法への大手３社の対応

	フォーク	スプーン
ファミリーマート	2022年10月より フォークの提供を中止 竹箸にて代用	持ち手部分を穴の開いたデザインとした軽量化タイプのスプーンを提供
ローソン	持ち手部分に穴を開け、長さも短くしたプラスチック製スプーンとフォークを導入 （木製スプーンの提供も一部店舗で実施）	
セブン－イレブン	植物由来（バイオマス）の素材を30%配合したスプーンやフォークを導入	

セブン－イレブンの店内正圧化

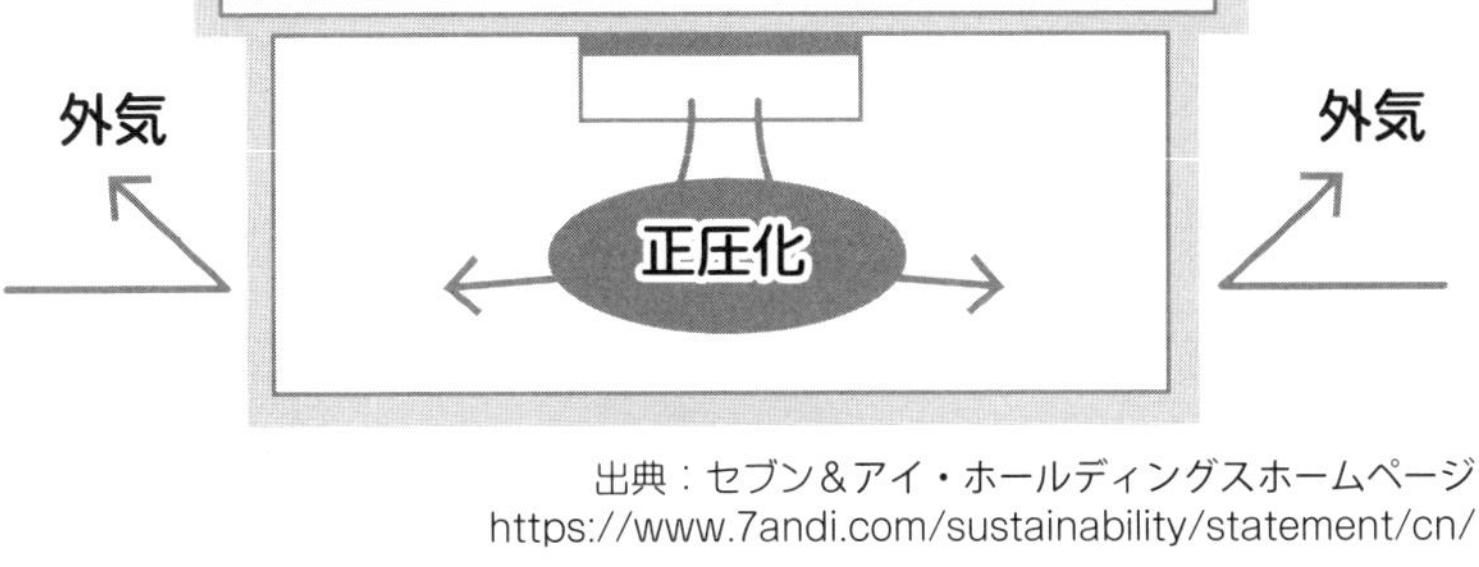

出典：セブン＆アイ・ホールディングスホームページ
https://www.7andi.com/sustainability/statement/cn/

9章

これからのコンビニ

日本の人口動態の変化

ビジネスは常に環境変化と隣り合わせにあります。コンビニエンスストア業界も例外ではありません。特に、今後直面するのは人口の減少と高齢化です。1967年に1億人を超えた日本の人口は、2010年代半ばまで増加し続けました。しかし、その後は少しずつ減少し、政府の推計では2056年には1億人を下回ると予測されています。一方、この減少期における年齢別の人口構成は大きく変わり、65歳以上の人口比率が6・2%から37・6%へと変化します。

この少子高齢化において、人口ボーナスを背景とした国内総生産（GDP）の増加や、これを前提としたビジネスモデルが通用しなくなります。政府は少子化に歯止めをかけるためにさまざまな政策を打ち出していますが、以前のような人口増加フェーズに戻るとは考えにくいのが現状です。近年のグローバル化において、海外への輸出によって売上を確保し、海外に比重をおく企業もありますが、コンビニのフランチャイジーであるお店は、小商圏の中での売上に頼っています。そのため、商圏内の人口が減れば、売上の減少リスクにさらされることになります。

また、2章でも述べた通り、小売業の店舗数は減少しているものの業態間での競争は激化しており、これまでと同じ商売のやり方では厳しくなっています。

◑訪日客向けサービスを展開

一方、日本政府観光局（JNTO）の発表では、2019年の訪日外国人数は3188万人でした。2022年は新型コロナ禍の影響で383万人と10分の1近くまで減少したものの、2023年に回復傾向をみせており、2030年には6000万人という目標を政府は掲げています。このインバウンド需要に対応していくことも、グローバルブランドとして展開しているコンビニは優位にあり、例えばセブン‐イレブンに設置してあるセブン銀行ATMは訪日外国人向けサービスを強化するなど、利便性を追求しています。

人口の変化と高齢化（将来予測含む）

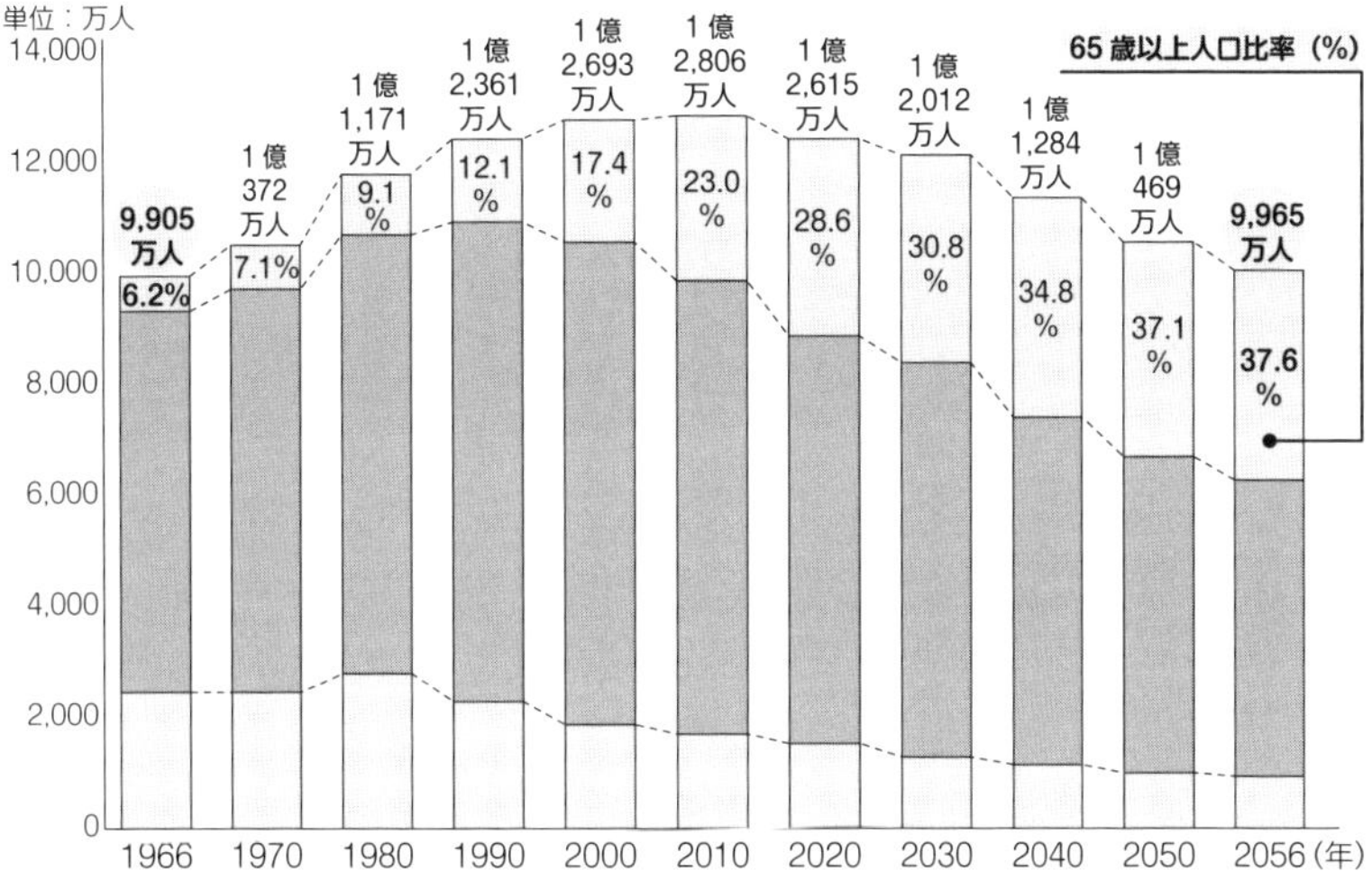

出典：総務省「国勢調査」、国立社会保障・人口問題研究所「日本の将来推計人口」
出生中位（死亡中位）推計より著者作成

訪日外国人客数

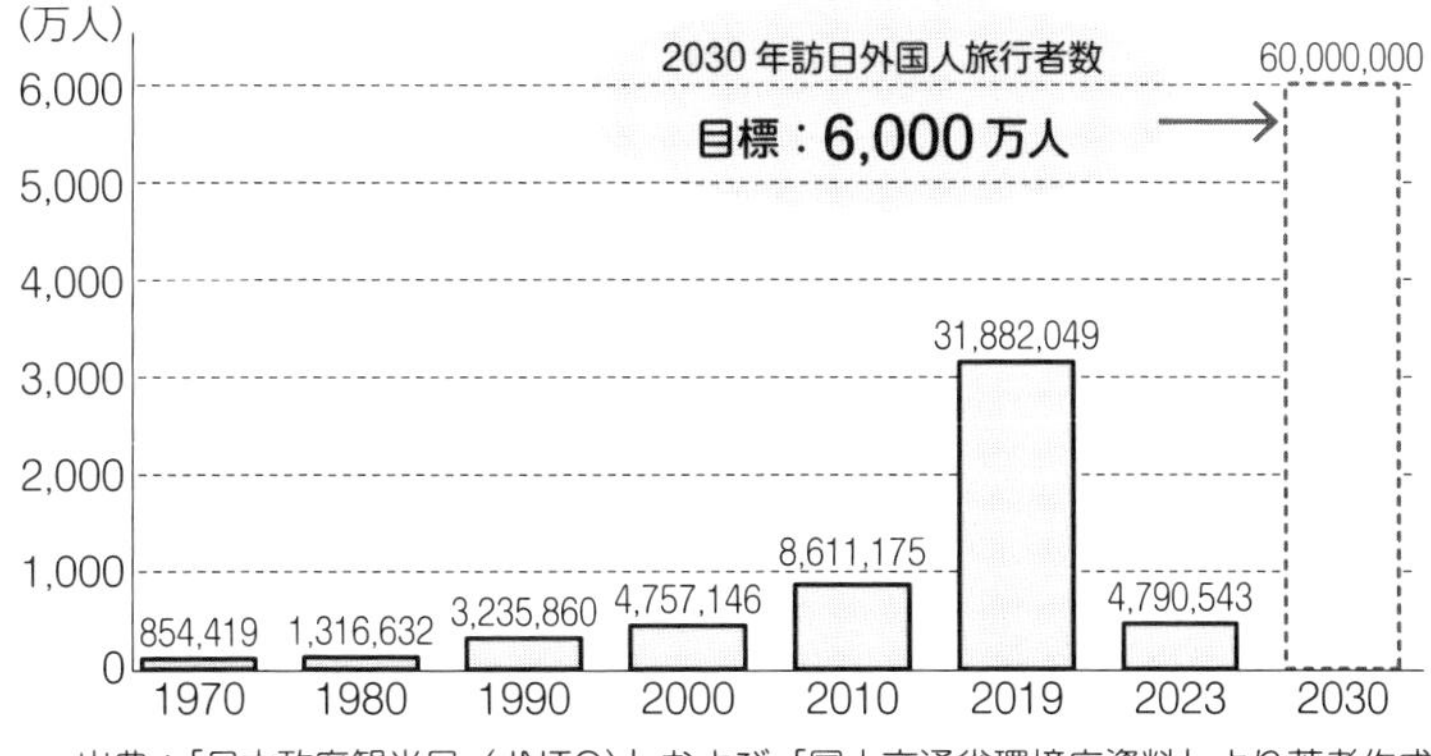

出典：「日本政府観光局（JNTO）」および「国土交通省環境庁資料」より著者作成

コモディティ化がもたらす影響

インバウンドへの対応の他にはどのような対応をしていくべきでしょうか。

現在の日本には少子高齢化、単身世帯の増加、女性の社会進出などのさまざまな変化要因があります。こうした時代の変化に伴って、行動や意識も変化しています。さらには新型コロナの影響で消費者の行動もここ数年で大きく変わりました。

このような変化に、コンビニエンスストアはさまざまな対応を迫られます。2000年代までは来店客の多くが男性でしたが、近年では男女比が半々になっているといわれます。これは2010年代にコンビニ各社が働く女性に向けた商品の品揃えを大きく増やしてきたことも、要因の1つとしてあげられるでしょう。

一方、2019年の消費動向調査ではコンビニの市場は増えているものの、ドラッグストアの伸長が目立ちます。リアルでの商売の場合、同じAという商品を販売していて、かつその店舗の距離が近い場合、消費者は安いほうで購入します。これはコモディティ化していることを意味し、最初は高い価値の商品やサービスと認識されていたものが、他社が参入して似たような商品、サービスが増えた結果、差がなくなってしまいます。これが起こると、付加価値で差が生まれないため価格競争にさらされてしまいます。

コモディティ化を避けるために、本部はブランディングやプライベートブランドの開発を進めています。

では、加盟店はどのように対応していくべきでしょうか。もちろん本部の商品・サービスの政策を踏まえてお客様に価値を届けていくことが必要です。一方で、マーチャンダイジングの章でも述べた通り、個店のおかれている環境に応じて品揃えを考えていく必要があります。

205ページの図は顧客の心理を二軸で表したもので、お店で買い物をするときには「何かの問題を解決するため」に商品を購入します。これが購買動機です。

外部環境の変化による影響とコンビニの対応

消費者構造	少子高齢化の急速な進行	女性の社会進出	単身者世帯の増加
	孫消費 プレゼント消費	小型店舗 便利さ追求	小分け包装 簡便な食ニーズ
消費者の行動・意識変化	ヘルスケアへの意識の高まり	食関連消費、家事の簡便化／外部化	所得の二極化
	健康に関わる 商品の開発・展開	買い物＋保育 レシピ提案	価格政策の見直し ターゲット選定
新型コロナの影響	衛生面への意識の上昇	人の密集を避ける	買い物時間の短縮・EC伸長
	5Sの徹底要求	ピークの分散 セルフレジ導入	来店動機の追求 体験できる消費
コンビニの対応	過疎化地域への対応	コスパ・タイパへの対応	デジタル時代への対応
	移動販売車 お届け（配達）	品揃えの拡大 個店商圏への対応	アプリによる CRMサイネージ

例えば「暑い」から「お水が飲みたい」。これを解決するために、お店は水を品揃えします。これまで本部、またはオーナーの経験やデータから、暑い時期にはお水が売れると理解できているからこそ、すぐに対応できる部分となります。一方で、「暑い」という状況ですべての人が「お水」を求めるわけではありません。「暑い」と「お水が飲みたい」の間には、「喉を潤したい」という困りごと（ニーズ）があるはずです。このニーズを深く考えていくと、「本当にお水なのか？」「水分補給としてはスポーツドリンクのほうがよいのではないか」「疲労回復を考えると糖分は必要ではないか」などの提案ができます。

別の例で考えると、これまでコンビニが現場で力を入れてきた「オススメ販売」では、レジでの声掛けによりホットスナックなどをお勧めしてきました。これは「もう少し食べたい」「お腹が空いているからちょうどいいな」と思ったお客様には価値のある提案ですが、ダイエット中の人や断ることが苦手な人に押し売りとなっては、「このお店は安心して買い物ができる」という安心感を失うことも考えていかなければなりません。一方で、売り場の魅せ方やPOP、声掛けを通して「お客様が気づいていないけれど解決したい価値」を提案できれば、「あぁ、このお店わかってるな」というお店への絶大な信頼につながります。

これまでコンビニが得意としていた「欲しいモノがわかっているエリア」から、前段で述べた変化を個店の商圏に合わせながら「欲しいモノではなく困りごとを解決する提案エリア」に移行していくことが、より便利になっていく、かつコモディティ化を防ぐ大きなポイントになるでしょう。これはレギュラーチェーンで社員が画一的に同じ型を実現する店舗ではなく、一人ひとりの独立したオーナーが経営しているフランチャイズだからこそ対応できる経営であり、強みをさらに活かすチャンスではないかと思います。

「商売は心理学」。お客様に最大の価値を提供するには？

問題がわかっていない
Greed
グリード（物欲）
見た目などに惹かれて
購入に至る
後で後悔することが多い
売れれば OK
お客様と継続した関係性 ×
Insight
インサイト
まだ欲求すらない
隠れた心理
お客様本人すら
気づいていない（無意識）
解決すれば
絶大な信頼につながる
欲しいモノがわかっている
欲しいモノがわからない
Wants
ウォンツ
お水が飲みたい
冷やし中華が食べたい
当たり前のお買い物
なければ失望
Needs
ニーズ
喉を潤したい
食事を通して涼しさや
スッキリ感を感じたい
解決策を提案して
こそ信用される
問題がわかっている

労働市場の変化と人事戦略

コンビニを取り巻く労働市場も大きな変化がみられます。近年の働き方改革により、日本という国において働くことについての意識が大きく変わりました。ただ、労働市場に関して一番の影響はやはり人口の減少、そして人口の年齢構成として高齢者が多くなることでしょう。人口ピラミッドは左図のように三角形型から逆三角形型へと変化しています。生産年齢人口が減少しているため、これまでと同じ人材を採用できるとは限りません。当然他業種と人材の取り合いが起こります。この一つの解決策としては外国人労働者の活用が見込まれます。2015年には90万人であった外国人労働者は、新型コロナの影響があったにもかかわらず、2020年には172万人を超えています。東京都では従業員のほとんどが外国人、という店舗も珍しくありません。さらに2030年には356万人、2040年には632万人の外国人労働者が必要との推計（国際協力機構／JICA）もあり、今後はインバウンドの対応と合わせて外国人でも働きやすいユニバーサルデザインの導入や翻訳機の設置などの対応が求められていくでしょう。

また、以前のように有効求人倍率が低く、働く人が多い、または働く場所が少ないという時代ではありません。左図のように応募者の性質が変わっていく中では人材についての戦略も店舗、または複数店経営の中で考えていかなければなりません。

さらに政府による労働（残業）時間や有給付与の規制強化によってコンビニエンスストアで働く人の待遇改善も求められています。高齢者の生活を守る年金制度の今後の変革、つまり社会保険の加入条件の拡大（パート・アルバイトも加入）もさらに進んでいくでしょう。これまでの店舗にかかる経費の配分を変え、賃金の引上げや有給休暇付与、さらには社会保険費用負担も含む労働分配率の向上を考えていかなければならないタイミングに来ていいます。

日本の人口構造の変化

国立社会保障・人口問題研究所『人口ピラミッド画像』より

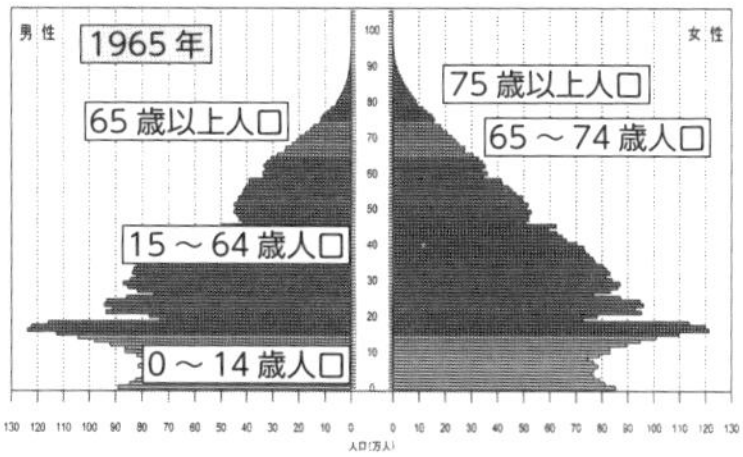

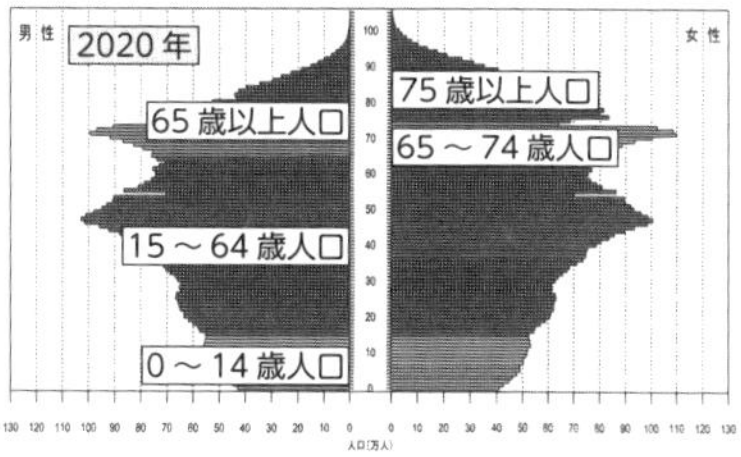

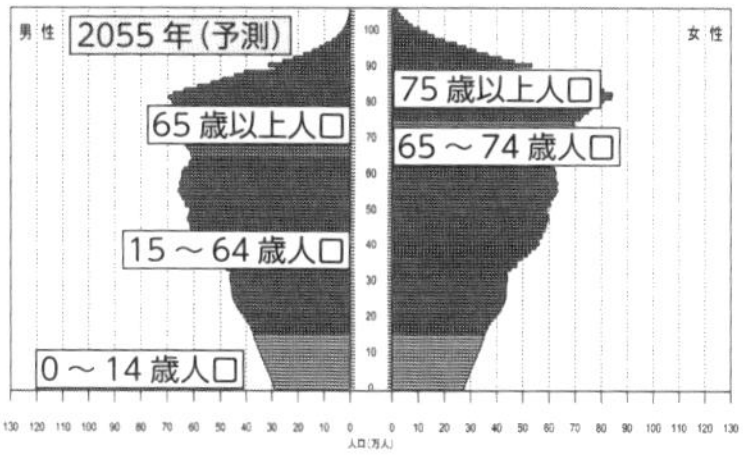

資料：1965～2020年：国勢調査、
2025～2070年：「日本の将来推計人口（令和5年推計）」

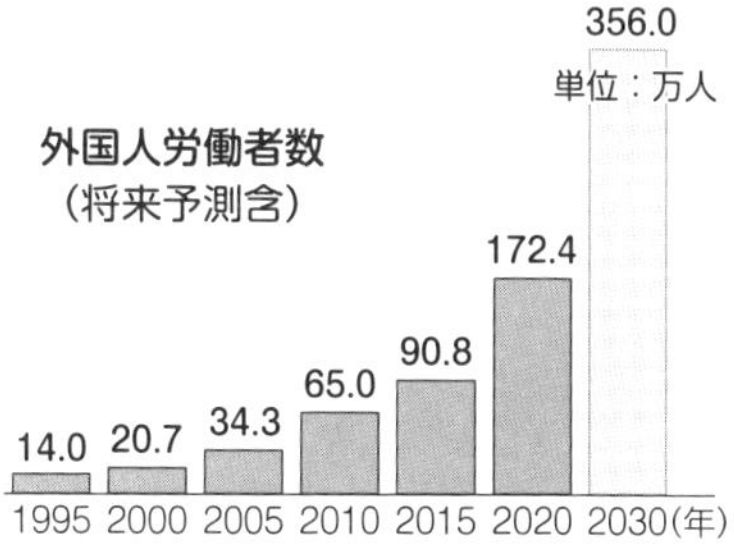

出典：厚生労働省「外国人雇用状況報告」
「外国人の雇用状況の届出状況」

採用ターゲット層の変化

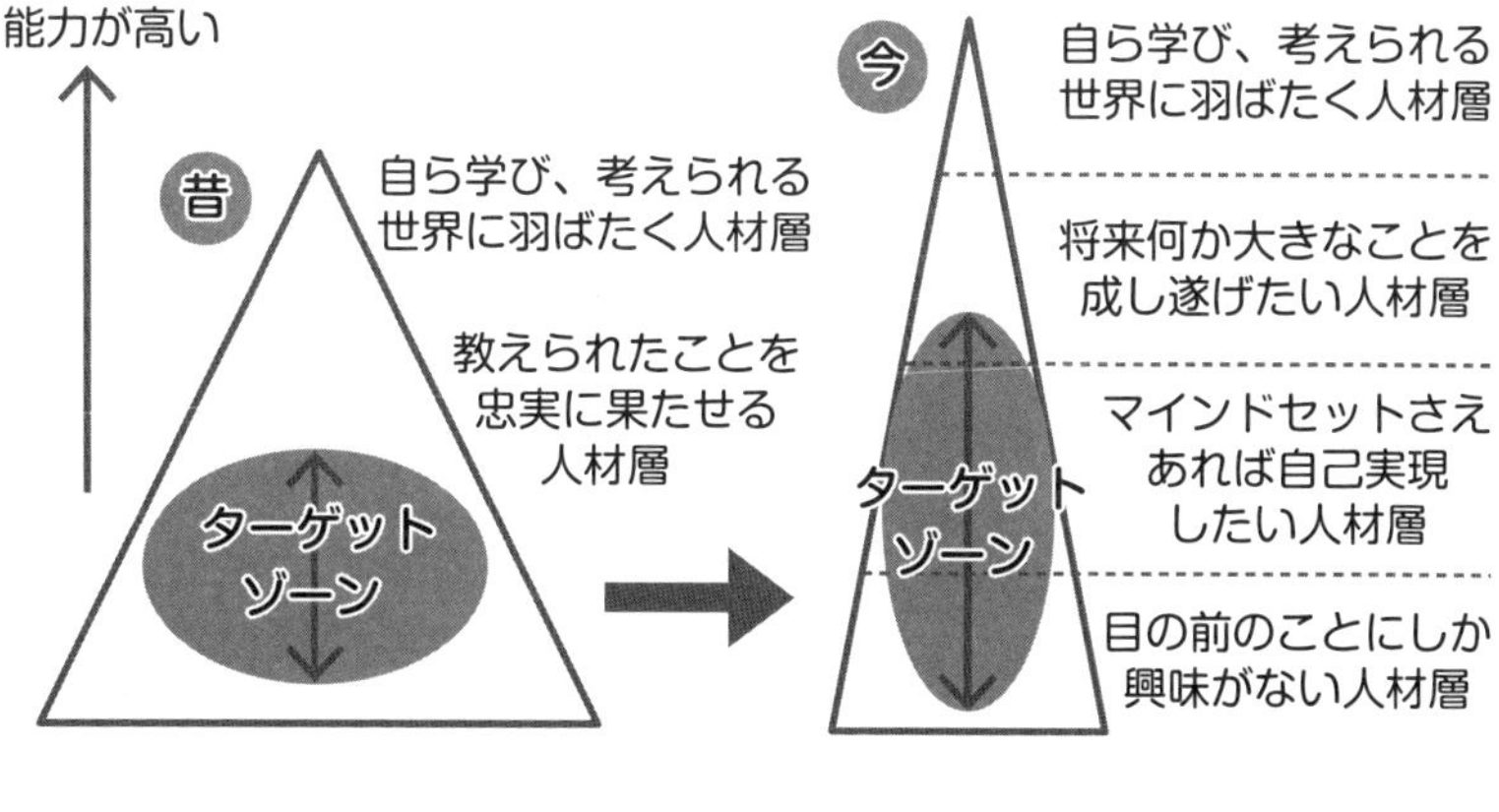

DX・AIがもたらすコンビニの変化

近年、デジタル化はビジネスに大きな影響を与えています。労働生産性を向上させるという命題が日本において長らく課題となっていますが、政府はデジタル化を推進していくことで生産性を上げる施策を打ち出しています。また、経済産業省のDXレポートにおいてもその重要性が述べられており、今後のビジネスにおいて必要不可欠といっても過言ではありません。

◑コンビニが導入しているデジタル化

では、コンビニエンスストア業界はデジタル化に対してどのように向き合っているのでしょうか。左図のように少し難解なDX（Digital Transformation）という言葉を要約し、①お客様への価値提供、と②社内における業務効率においてデジタルを活用する、と捉えると、小売業の中でコンビニはこれまでかなり取り入れてきたのではないかと考えられます。

①お客様への価値提供

セルフレジ・アプリ・キャッシュレス決済・ネットコンビニ（Uberなどの他社プラットフォーム活用含む）など

②社内における業務効率においてのデジタル活用

POSデータの活用・EDI（電子データ交換）・SCによる情報共有など

ここ数年で急激に進化しているAI分野においても、各社活用を模索しており、AIによる需要予測発注や物流効率化に向けての最適なルート導出などを、一部のチェーンでは実際に導入し始めています。

ChatGPTの公開によって話題になった生成AIはさらにDXを進める可能性を大きく秘めており、左図の「AIが活かせる仕事」にもコンビニの仕事は多く含まれます。

今後、ネット注文の個客に合ったレシピと買い物リストの提案や、個店での顧客動線に合ったレイアウト・棚割、より的確な需要予測、個店や個客に対しての最適な広告の提示などに活用が見込まれます。

DXの定義とコンビニにおけるDX

企業が外部エコシステム（顧客、市場）の破壊的な変化に対応しつつ、内部エコシステム（組織、文化、従業員）の変革を牽引しながら、**第3のプラットフォーム（クラウド、モビリティ、ビッグデータ／アナリティクス、ソーシャル技術）を利用して**、新しい製品やサービス、新しいビジネスモデルを通して、ネットとリアルの両面での顧客エクスペリエンスの変革を図ることで価値を創出し、競争上の優位性を確立すること

出典：経済産業省 DXレポート～ITシステム「2025年の崖」の克服とDXの本格的な展開～
https://www.meti.go.jp/press/2018/09/20180907010/20180907010-2.pdf

① お客様への価値提供

・デジタルを活用して製品やサービスにおいて新たな価値を創出する
・デジタル化を通して新たなビジネスモデルを創る

② 社内における業務効率

・業務そのものをデジタル化することにより効率化する
・業務プロセス（バックオフィス）においてデジタル化を活用する
・組織や企業文化、風土をデジタルを通じて醸成する

AIが活かせる仕事の3つの条件

業務に必要十分な情報をデジタル形式で取得できる

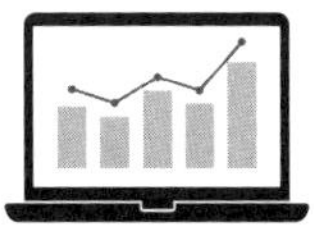

販売動向（POSデータ）
人の動き（人流データ）
購買データ（アプリ）
画像・音声・映像データ

AIが分析できる範囲内である（いきなり大きく動くなどの変化がない）

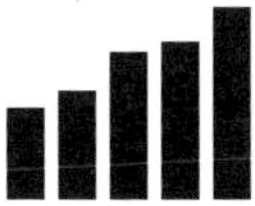

ある程度の関係性がある数字の動きである（指数的爆発がない）

物理的に使える環境が整備されている

セルフレジ・ロボット
サイネージ・サーバー
デバイス・ネット環境

参考：『10年後に食える仕事 食えない仕事：AI、ロボット化で変わる職のカタチ』（東洋経済新報社）

◑DX時代のコンビニの仕事とは

マイケル・A・オズボーン氏の論文『雇用の未来』や、その他未来予測において、小売業の店員は「なくなる仕事」に分類されています。しかし、コンビニの業務はすべて自動化されて仕事がなくなるかというと、そう単純な話ではないでしょう。

一部の仕事は自動化されますが、インサイトを解決できるような提案（お客様にお勧めする商品の仕掛ける数量・売り場の展開・声掛け・POPなど）はお店側の意思が必要です。また、相手の困りごとを引き出すコミュニケーションは信頼できる人でなければ安心できないのも人の心理かと思います。さらには、AIやデジタルを使うのは人であり、これを使いこなして活かすのも人にしかできません。これらの仕事をC（Creativity）・H（Hospitality）・M（Management）と呼んでいますが、商品を左から右に流すような定型業務だけをするのではなく、これらの仕事に向き合うことで、ますますコンビニの果たす役割は大きくなるでしょう。

産業革命における馬車を引く人など、これまでなくなってきた仕事はたくさんあります。一方で、農業従事者のように、従事する人は大きく減ったものの、技術を取り入れて少数で同様の生産量を生み出している人がいるのも事実です。

左図の通り、労働生産性を向上させることとは、「付加価値を上げる（売上や粗利益の幅を上げる）」か、「少ない人数、または時間において生産する」かのどちらかでしかありません。人口が増えない日本において、前者は勝手に上がるものではなく、工夫が必要です。ここにデジタルを活用しながら人にしかできない価値の提供をどう実現していくのか。全国5万5000の店舗が買い物を楽しむ場所であるとともに、家でも買い物を楽しめる小商圏への配送拠点として進化することが、今後は求められていくと考えられます。

仕事の未来とは？

セルフレジ　　Amazon Go　　アプリによるオンライン購買

C・H・M の仕事のみ生き残る

C	**クリエイティビティ（創造性）** 新しく何かを生み出す仕事ができる人 芸術家だけでなく、イノベーション思考を持つ人
H	**ホスピタリティ（おもてなし）** 相手に対して機能以上の満足度を与えられることができる人
M	**マネジメント（経営スキル）** AI や IoT を使うのは人間であり、それを使いこなしながら経営できる人

人工知能やロボット等によって代替可能な労働人口は日本において**49%**にのぼる

労働生産性とは？

労働生産性 ＝ 付加価値（生産過程で新たに付け加えられた価値） ／ 就業者数（または就業者数 × 労働時間）

労働生産性を上げるには？

企業としての責任／株主

会社は誰のものかという問いに対しては、さまざまな意見がありますが、法律上はその会社に出資している「株主」のものと考えられています。近年は、株主に対して企業としてどう価値を提供するのかが問われています。

コンビニエンスストアの加盟店は、会社（株式会社や有限会社、合同会社）として法人にしている場合もありますが、多くは個人事業主です。加盟店のほとんどは、法人といってもオーナー個人がすべての株式を所有し、経営にあたっているため、前述の問いはあまり関係がありません。

一方、本部の多くは株式会社として公開、上場しており、そこには「株主」が存在します。株式会社のあり方や売買などについての説明は専門書に譲りますが、株主は出資にあたり大きく分けて2つのインセンティブを得ようとします。1つはインカムゲインといわれる、「出資金を使って儲かった一部を配当や株主優待として受け取ること」、2つ目はキャピタルゲインと呼ばれる、「買った株価より売る時の株価が上がること（企業価値向上）による差額の儲け」です。会社は株主が出資したお金で事業を行って利益が生まれることから、この2つの期待に応えていく必要があります。これに応えられないと、信頼の低下、株価の低迷による他企業からの買収リスクなどを負うことになります。

しかしながら、本部は株主が出資したお金をフランチャイジーである加盟店に投資をすることで儲けを得るビジネスであり、株主と加盟店、さらにはその他ステークスホルダー（その会社に直接または間接的に利害関係を有する人）まで含めると、複雑な関係性が存在します。どこにどうお金を配分するのか、特に上場している会社ほど考えなければなりません。近年はファミリーマートの上場廃止やセブン＆アイ（セブン-イレブン・ジャパンの親会社）の株主とのコミュニケーションなど、各社が対応を迫られています。

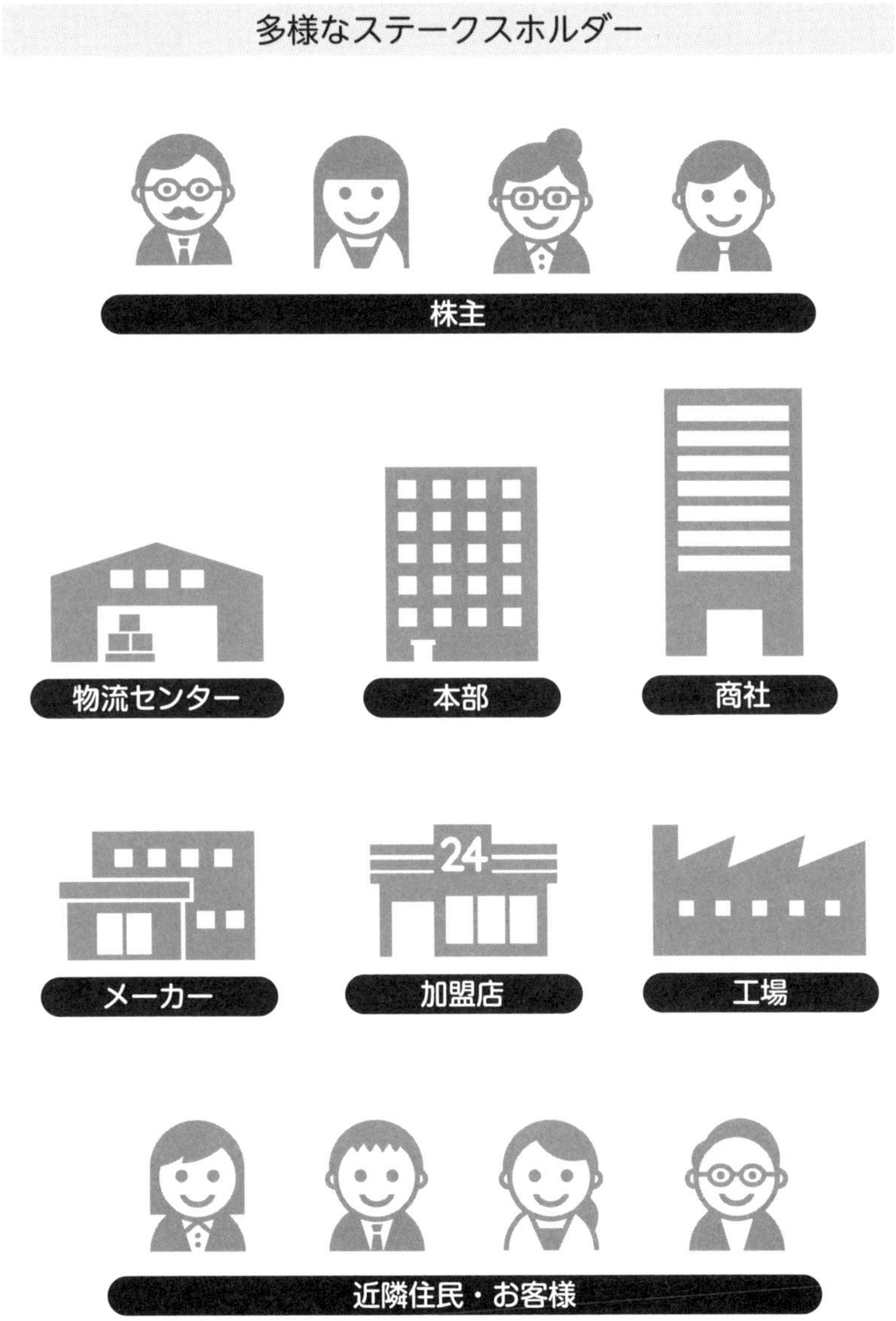
多様なステークスホルダー
株主
物流センター
本部
商社
24
メーカー
加盟店
工場
近隣住民・お客様

フランチャイジーとの関係性の変化①

本部視点でのフランチャイズ

これまで見てきたように、フランチャイズシステムでは、本部は加盟店がお客様に最大の価値を提供できるよう、さまざまなバックアップをしています。本部としては、このシステムを使うことで少ない投資で規模を拡大することができるのが最大のメリットといえます。一方、本部の大きな役割の1つに「ブランドの構築」があります。お客様から見て、その「ブランド」を使うことによる安心感などのイメージを作っていかなければなりません。これがないと集客することができず、加盟店からの信頼も失ってしまいます。コンビニエンスストアができてからの約50年間はこの信頼を構築する期間でした。お客様の困りごとを解決する商品やサービスを開発し、広告をうまく活用してコンビニへの信頼を高めてきたといえます。また、この信頼を勝ち得るために「どこにいっても同じ商品やサービスがある」という状態を、本部のＳＶによる加盟店への指導を通して実現してきました。

◑今後は加盟店の選別も必要に

しかしながら、近年では独立した事業者同士の契約ながら、「本部からの加盟店への強制がある」として行き過ぎた指導が問題となっています。これは前述の働き方改革による労働市場への影響、規模の拡大による多様な価値観の受け入れ、日本経済の減速による将来の事業継続への不安や売上の頭打ちなど、多くの要因が絡んでいます。これらの変化に対応するためのフランチャイズシステムを作ることも必要となりますが、一方で「本部とともに手を取り合って未来を作ってくれる加盟店」をどう育てるかも重要です。乱暴にいえば、看板だけ使って集客し、一方でブランドを棄損するような加盟店は排除することも考えていかなければいけません。なぜならブランドの棄損によって他の加盟店にマイナスの影響を与える可能性もあるからです。

お客様との接点である加盟店との関係性をどのような方向で構築していくのかが問われています。

ブランドイメージを構築する

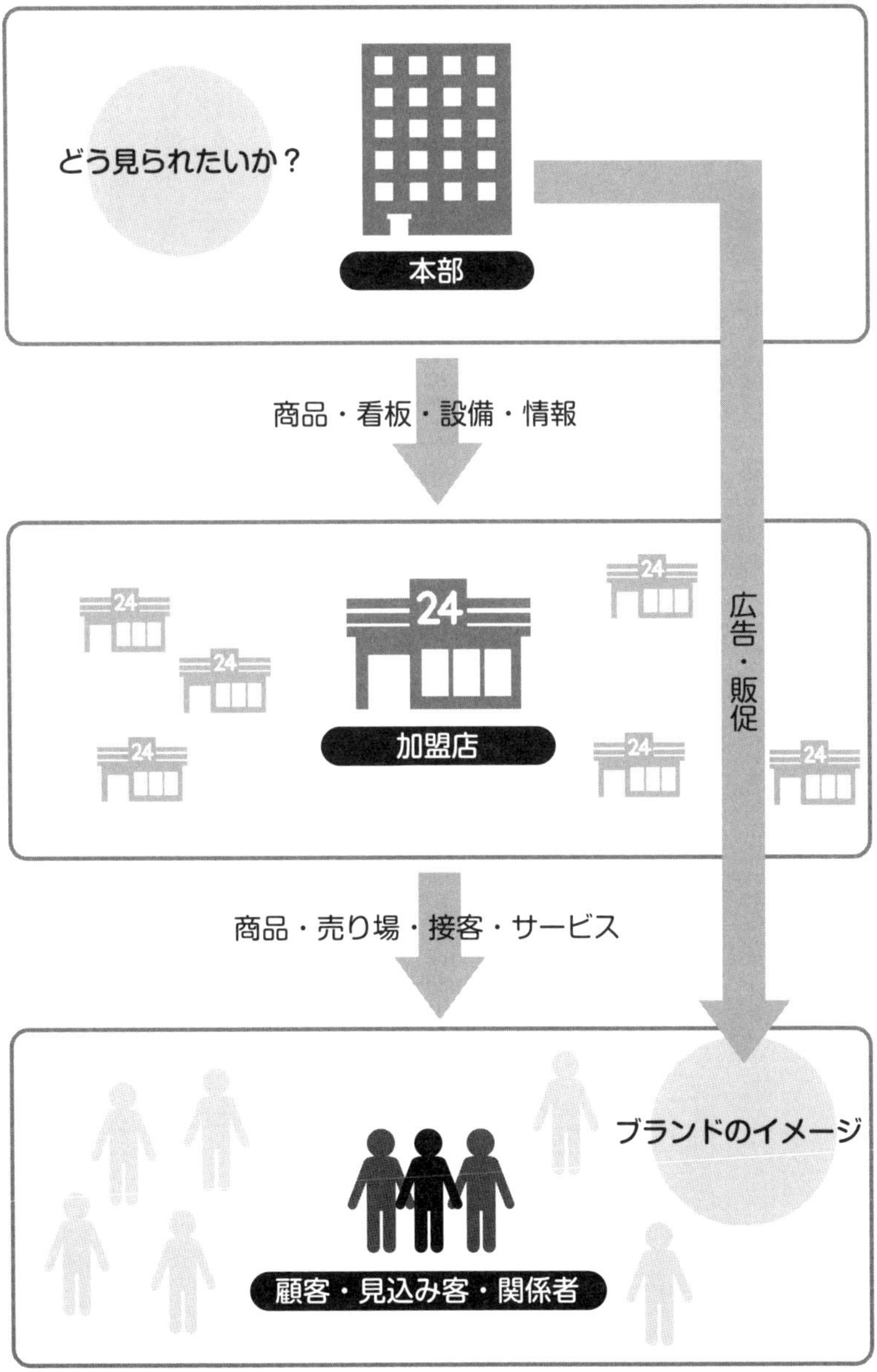

フランチャイジーとの関係性の変化②

オーナー視点でのフランチャイズ（インタビュー）

Q　コンビニエンスストアのフランチャイズをやっていることによるメリットやデメリットはありますか？

A　（セブン-イレブン複数店経営Tオーナー）メリットとデメリットは表裏一体だと考えています。若い頃は、デメリットが多いと感じていました。自由にビジネスできない、フランチャイズとして守らなければならないことが窮屈だ、こんなに一所懸命やっているのに、なぜ本部から文句をいわれなければいけないのか、と。ただ、お客様からすると安心感が必要で、ある程度の統一感が必要であることに気づきました。したがって、今はデメリットは感じません。

Q　デメリットと感じなくなったきっかけはありますか？

A　私がやっていたイレギュラーなことが、数年後にはスタンダードになっていたことがあります。当時私に足りなかったのは、それを説明できる力かなと。発想に問題がない場合、最初はイレギュラーでも本部が理解してくれたときに、同じ方向性を持って動いてくれました。今では、テストという名目でやってみませんか？　といって歩み寄ってくれるようになり、また成果も出ています。デメリットと思っていたら諦めてしまうので、デメリットとメリットのバランスを変えられるようになったら、もうすべてメリットですよ。

Q　それはルールの中できちんとやりつつも、お客様の立場に立ったときに、これが必要だとか、経営にとってこれが必要だという想いがあるから本部が理解してくれると。

A　そこはやっぱりありますね。そして無視しちゃいけないのがお客様であって、今時でいえば従業員さんでもあって。そこがあれば大丈夫じゃないかな。

Q　ここ数年で、本部と加盟店の力関係が多少変わっ

てきている状況にありますが、今後はどうなっていくと思いますか？

Ａ　これは、加盟店側にも問題があると考えています。本部側が指導的な立場にあった時代は、私たちは何も考えていなかった時代だったともいえます。しかし、しっかりと意見を交換し、意図を持って考えることができれば、上下関係はあまり意味がなくなります。お客様と私たちの間に上下関係がないように、それぞれの考える力を養っていくことが大切だと思います。現場を理解して考える私たちと、俯瞰的な視点から物事を考える本部側の役割は、どちらかが欠けてもうまくいかないと考えています。

Ｑ　加盟店のほうでもいろいろと発信をする、自分から行動を起こすということですね。「本部の政策に頼りきりにならない」と捉えると、本部が機能しなくなっていることを意味するのでしょうか。

Ａ　実際、私たちは本部が強力だったために、これまでは安心していたと思います。ただ、本部がコンビニを立ち上げてから今までの軌跡は稀有なものだと思います。私は本部が駄目になったとは思っていません。反対に私が加盟した頃は、数千店舗しかなかったため、本部の力は現在よりも遥かに弱かったのです。今の本部が弱くなったとは思っていませんが、あえていうならば、昔よりもビジョンがあやふやになってきた、意志が少し弱くなってきたと感じます。だから一部の加盟店が不信感を抱いているのかな、と。

Ｑ　競争が激しくなってきている中で、コンビニ業界はどうなっていくと思いますか。

Ａ　私はまだまだ発展の余地しか残っていないと思ってるんです。まだすくいきれていないというか、お客様の期待に応えきれていない部分のほうが多い。だから当分は成長し続けられるんじゃないかなと。

Q　それは、店舗数や売上という意味でしょうか。

A　店舗数が全国で5万店程度を維持するのであれば、売上は伸びると考えています。ただ、商圏人口なども関係するため、店舗数の維持と売上向上を同時に進められるかどうかはわかりません。しかし、平均日販などを考えると、売上は増えるでしょう。現在の常識に合わせた客数や買上点数は、今後覆される可能性があると思います。コロナ禍でもその傾向が見られました。15年ほど前は、客単価が630円あればいいという時代でしたが、今では800円や900円が当たり前になっています。これは当時の私たちには想像もつかなかったことです。もしかすると、コロナ禍によっておうち時間が増えたことが原因かもしれませんが、私たちが想像もつかなかったことを作り上げることは可能だと感じています。

Q　大震災のときにコンビニの使われ方が大きく変わった、そしてまたコロナで使われ方が変わり、戦争の影響等で商品の価格が上がっている。こういった変化に対応していくことができればということですね。

A　そうですね。現状ではまだまだ対応できていないと思います。その証拠に、今の日本の年齢別の層に分けたときの人口ピラミッドと来店客層が合っていない。そのズレている部分がまだたくさん残ってるんですよ。そこに対して私たちは何もできていなくて、そこの「不」を解決する余地がある。もう伸びしろしかないです。

Q　日本の人口が減っていく中で、コンビニも成長はできないようにいわれていますが、まだ解決できてない「不」はたくさんあって、それにどう対応していくか、ということでしょうか。

A　私が今やらなければと思ってるのは、歳をとるとどうなるのか、想像じゃなくて実際にどうなっているかを知るべきですし、知って対応していくことだと思います。「お年寄り」と括るのではなく、みんな違うということを理解していかなければいけません。やっぱり価値観や環境は多様化しています。お年寄りってひとまとめにしすぎて、不便なお店になっているのではないでしょうか。例えば、国民年金をもらいながらおひとりで生活している人、夫婦で国民年金で生活している人、厚生年金や遺族年金をもらっている人と、年金生活にもいろいろな形がある。でも、それを私たちは全然セグメントできていません。ちゃんとセグメントできるようになってくると、変わると思います。

Q　個店の商圏や個客をきちんと見て、それに対応していくことができれば、まだまだ成長できると。

A　そうすると、もしかしたらコンビニでも客単価2000円もありえるかもしれません。コンビニの今までの固定観念というか、何となくそうだろうと思ってきたこと、例えば「駅前立地は客単価低いよね」ということは、あくまでも過去のデータであって、覆すことができるかもしれません。

Q　それは本部と協力しながら進めていくものなのでしょうか。

A　本部のサポートがありながら、二人三脚で課題解決していくというイメージですね。持ち場ではないけれど、本部と個店では考えられること、見える部分がそれぞれ違う。両方を合わせていかないと、今後は難しいのではないでしょうか。そういった意味でも、私たちはお客様に真摯に向き合っていくべきですね。実際にお客様を見ているのは私たちで、本部はお客様一人ひとりの買い物をする姿を見ているわけではありません。それを本部に伝えていくのが、私たち個店の役割になっていくのではないでしょうか。

日本のコンビニを世界へ

日本のコンビニは、セブン－イレブン・ジャパン（当時は株式会社ヨークセブン）が１９７３年にシステムを持ち込んでから50年間で独自の発展を遂げてきました。これは東京オリンピックやＷＢＣ（ワールド・ベースボール・クラシック）のときの日本のコンビニに対する外国人客の反応を見ると明らかです。小商圏での商売の仕方は、グローバルに通用するでしょう。

１店舗平均の年商は約2億円、年間来店延べ客数約30万人、毎月、損益計算書や貸借対照表を参照しながら経営管理を行い、約60坪前後の狭い売り場でさまざまなカテゴリーを３０００以上のアイテムで網羅し、お客様のニーズに対応すべく発注、陳列などを常に意識して変化に対応し、１日１０００人前後のお客様に24時間３６５日、商品、サービスを提供する。オーナー（または店長）は20人前後のさまざまな属性の従業員のモチベーションコントロールを行い、エンゲージメントを高めるコミュニケーションが必須となる。一方で、独立した中小小売店では装備できないＥＤＩシステム、ＰＯＳ、その他デバイス、ハードウェアを使い、生産性を高めるコントロールを行う。

この複雑なビジネスが、あの小さなお店の中で行われています。近年はコンビニが持つ負の部分に注目が集まっていますが、世界に誇れるこのノウハウは、今後人口ボーナスがなくなる日本において、輸出できる大きなコンテンツとなる可能性を秘めています。

本部のシステムだけでなく、加盟店のノウハウを、日本人や外国から働きに来て現場で学んだ外国人が活かして海外でお店を開く、またはコンサルティングを行う――こんな未来も夢ではありません。世界に通用するビジネスの基本や全体的なフローが学べ、グローバルに活躍できる人材が育つ場が、日本的小売業であるコンビニエンスストアです。

「世界に日本クオリティ」を展開できる日がきっとくることでしょう。

日本のコンビニノウハウを輸出する

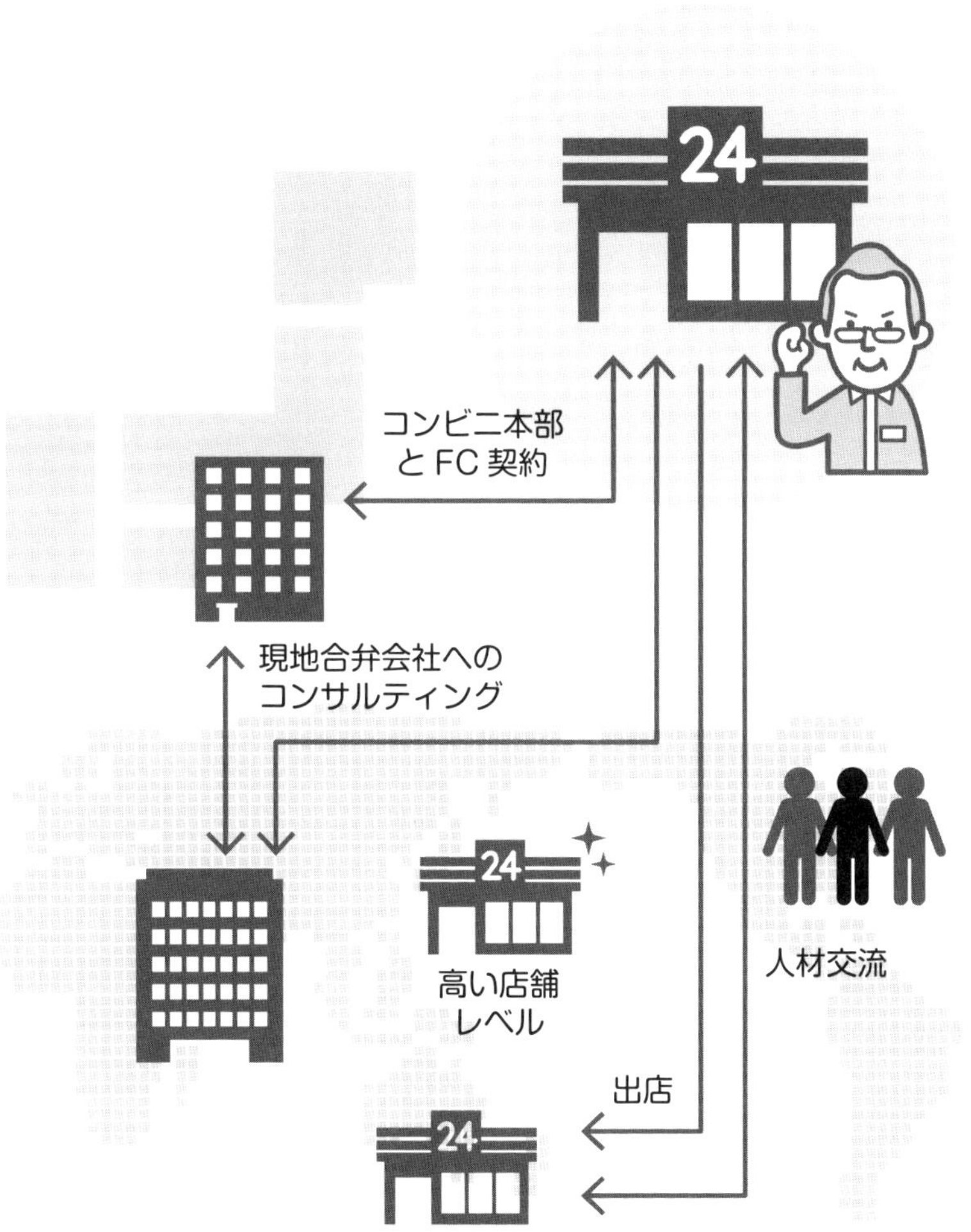

参考文献

【書籍】

日本商工会議所・全国商工会連合会編『販売士ハンドブック（基礎編）』株式会社カリアック

日本商工会議所・全国商工会連合会編『販売士ハンドブック（発展編）』株式会社カリアック

鈴木敏文『挑戦 我がロマン』（２００８）日本経済新聞出版社

鈴木敏文『孤高』（２０１６）日経ＢＰ社

野中郁次郎 勝見明『全員経営』（２０１７）日本経済新聞出版社

鈴木敏文『わがセブン秘録』（２０１６）プレジデント社

鈴木敏文『鈴木敏文のＣＸ（顧客体験）入門』（２０２２）プレジデント社

勝見明『鈴木敏文の統計心理学』（２０１３）プレジデント社

勝見明『セブン‐イレブンの「16歳からの経営学」』（２００５）宝島社

渡辺広明『コンビニが日本から消えたなら』（２０１９）ＫＫベストセラーズ

井上智洋『人工知能と経済の未来』（２０１６）文藝春秋

結城義晴編著　商業経営問題研究会著『1秒でわかる！小売業界ハンドブック』（２０１１）東洋経済新報社

一般社団法人リテールＡＩ研究会『リアル店舗の逆襲～対アマゾンのＡＩ戦略』（２０１８）日経ＢＰ社

渡邉正裕『10年後に食える仕事 食えない仕事』（２０２０）東洋経済新報社

楠木建『ストーリーとしての競争戦略』（２０１０）東洋経済新報社

【ＨＰ】

一般社団法人日本フランチャイズチェーン協会　統計データ等　https://www.jfa-fc.or.jp/particle/320.html

https://www.jfa-fc.or.jp/fc-g-misc/pdf/71-1.pdf

セブン-イレブン・ジャパンＨＰ　https://www.sej.co.jp/
「セブン-イレブンの横顔 ２０２２-２０２３」 https://www.sej.co.jp/company/yokogao/index.html
ファミリーマートＨＰ　https://www.family.co.jp/
ローソンＨＰ　https://www.lawson.co.jp/
経済産業省ＤＸレポート～ＩＴシステム「２０２５年の崖」の克服とＤＸの本格的な展開～
https://www.meti.go.jp/press/
経済産業省「電子商取引に関する市場調査」 https://www.meti.go.jp/press/2022/08/20220812005/20220812005.html
総務省統計局ＨＰ　https://www.stat.go.jp/data/jinsui/
日本政府観光局（JNTO） https://statistics.jnto.go.jp/
総務省「通信利用動向調査」 https://www.soumu.go.jp/johotsusintokei/statistics/statistics05a.html
公益社団法人発明協会　戦後日本のイノベーション１００選事務局　http://koueki.jiii.or.jp/innovation100/
株式会社野村総合研究所 Report https://www.nri.com/-/media/Corporate/jp/Files/PDF/news/newsrelease/cc/2015/151202_1.pdf

【週刊誌・ムック】

「セブン-イレブン by アエラ 勝ち続ける7つの理由 強さの法則」 朝日新聞出版
「日経ビジネス」 ２０１４年６月16日号 「セブン鉄の支配力」 日経ＢＰ社
「日経ビジネス」 ２０１６年10月29日号 「コンビニを科学する」 日経ＢＰ社
「週刊東洋経済」 ２０１３年７月13日号「特集／セブンの磁力」 東洋経済新報社
「週刊東洋経済」 ２０２３年２月25日号「もうけの仕組み」 東洋経済新報社
「週刊ダイヤモンド」 ２０１４年９月６日号「コンビニ超進化」 ダイヤモンド社
「週刊ダイヤモンド」 ２０２０年３月７日号「コンビニ搾取の連鎖」 ダイヤモンド社
「Harvard Business Review」 ２０１４年５月号 ダイヤモンド社
「月刊コンビニ」 ２０１６年９月号 株式会社商業界

著者略歴

小野寺 崇（おのでら たかし）

株式会社 HAAF 代表取締役、経営コンサルタント、CVS 実践経営塾®代表
1978 年 9 月 1 日生まれ。2001 年、明治大学政治経済学部卒。卒業後は学習塾の講師、塾経営に携わる。その後、株式会社セブン-イレブン・ジャパンにて経営指導員、本社企画部を経て独立。現在は「コンビニエンスストアを働く憧れの場所にする」というビジョンを掲げ、加盟店が雇用する社員に対してマネジメントや課題設定、問題解決能力などのスキル向上を目的とした研修や各種セミナーを開催。研修回数は 650 回、受講店舗は 300 店以上、これまでの教育および人材育成の累計は 1,500 名を超える（2023 年 5 月時点）。大手メーカーや人材会社との新規事業開発、税理士法人のフランチャイズ化支援、中小企業の人事、戦略設計なども実施。
主な取得資格は中小企業診断士、名古屋商科大学大学院 経営学修士（MBA）、リテールマーケティング（販売士）1 級、2 級ファイナンシャル・プランニング技能士、全米 NLP 協会認定マスタープラクティショナー、LAB プロファイル®プラクティショナーなど。

HP：https://haaf.co.jp/

図解でまるごと大解剖！
コンビニのしくみ

2023年 7 月28 日初 版 発 行

著　者 ―― 小野寺 崇

発行者 ―― 中島豊彦

発行所 ―― 同文舘出版株式会社

東京都千代田区神田神保町 1-41　〒 101-0051
電話　営業 03（3294）1801　編集 03（3294）1802
振替 00100-8-42935
https://www.dobunkan.co.jp/

ISBN978-4-495-54142-2
印刷／製本：萩原印刷
Printed in Japan 2023